本书获以下项目资助：

教育部哲学社会科学研究后期资助项目
"治理现代化建设背景下的政务热线转型发展研究：现状、问题与对策"（18JHQ085）

教育部人文社会科学重点研究基地重大项目
"共同富裕背景下的数字政府建设研究：数字包容、决策范式与实施路径"（22JJD630024）

中山大学国家治理研究院2023年智库建设（99123-12230011）

热线发展与治理创新
洞见

HOTLINE DEVELOPMENT AND
GOVERNANCE INNOVATION: INSIGHTS

主　编/郑跃平

社会科学文献出版社
SOCIAL SCIENCES ACADEMIC PRESS (CHINA)

目　录

实践案例

创新协调联动工作机制，提升政务服务热线效能 ……………… 乔　军 / 3

北京接诉即办改革中的数智治理实践 ……………………… 冯颖义 / 8

高位推动 多线联动 平台撬动

　　——架起企业和群众诉求分类高效处置的“立交桥” …… 黄忠传 / 18

全面提升热线服务水平 助力优化营商环境 ……………… 符凤莲 / 27

数字驱动效能提升·改革推动机制创新

　　——辽宁省 12345 热线回答“人民之问”“时代之问” … 苟福良 / 37

谱写“五服务”唐山热线新篇章 ……………………… 张宝良 / 44

小热线服务大民生，助力雄安新区高质量发展

　　——热线助力优化营商环境的经验 ……………… 李月冰 / 53

推动 12345 热线数智化发展 助力高水平治理典范城市建设 … 金韦彤 / 59

因地制宜 后发先至 热线助力提升社会治理能力和水平 ……… 向龙华 / 64

安阳 12345 政务热线标准化建设工作 ……………… 宋光明 / 69

创新政企协作联动机制，促热线服务效能有效提升 ……… 周笑笑 / 79

理论探讨

政务热线助力社会治理现代化的若干思考 ……………… 黄　璜 / 87

从便民到利企：政务热线发展与营商环境优化 ……………… 马　亮 / 93

政务热线数智化转型驱动数字政府建设 ············· 孟天广　赵金旭／103

政务热线引领数字政府建设

　　——基于北京市接诉即办改革的思考 ············· 赵金旭　常　远／114

推动政务热线数据有效治理，驱动营商环境优化 ············· 张炳剑／130

政务热线数字化驱动城市治理现代化 ············· 范云博　毛丽丽／140

构建生态体系，赋能政务热线智能化建设 ············· 林永忠／148

政务热线发展的新方向：韧性、赋能与协同 ············· 郑跃平／153

政务热线数据治理的探索、现状与反思 ············· 郑跃平／158

政务热线协同能力建设的困境与路径 ············· 郑跃平／169

政务热线大数据赋能社会治理现代化 ············· 饶耀全／174

研究报告

2023 年（第四次）全国政务热线服务质量研究报告 ···················· 185

辽宁省政务热线发展研究报告

　　——省域政务热线建设的"辽宁样本" ···················· 202

沈阳政务热线四十年发展报告 ···················· 211

一呼即应　一办到底

　　——诉求高效办理"唐山方案" ···················· 221

实践案例

创新协调联动工作机制，提升
政务服务热线效能

乔　军[*]

本文将从以下四个方面展开来分享辽宁经验：第一，创新机制，奠定高效政务服务热线的制度基础；第二，优化机制，推进辽宁政务热线的持续发展与治理创新；第三，勇面挑战，清晰准确认识政务热线未来的发展与治理创新面临的问题与挑战；第四，提升效能，积极探索创新部门间的协同联动机制，提升政务热线的服务效能。

一　创新机制：奠定政务服务热线治理效能的制度基础

习近平总书记在党的二十大报告中提到"完善社会治理体系"，提出了畅通和规范群众诉求表达、利益协调、权益保障通道；完善网格化管理、精细化服务、信息化支撑的基层治理平台；及时把矛盾纠纷化解在基层，化解在萌芽状态。

党的二十大报告的相关论述为推进政务热线规范发展和治理创新指明了方向、提供了遵循。2022 年 8 月 16 日至 17 日，习近平总书记到辽宁考察，总书记在沈阳市牡丹社区考察时指出："我们党是为人民服务、为人民造福的党。把老百姓关心的事儿一件件办好，是共产党人的共同心愿。社区党组织要牢记党的宗旨，加强和改进社区工作要让老百姓体会到中国

---

　　* 乔军，辽宁省政府参事室特约研究员，辽宁省政府研究室原党组书记、主任。

共产党是全心全意为人民服务的，党始终在人民身边。"① 早在 2013 年 8 月 31 日，习近平总书记在辽宁考察时就曾指出"让老百姓过上好日子是我们一切工作的出发点和落脚点"②。这句话被全国网民评为最喜爱的一句话，也成为辽宁做好政务服务便民热线的重要思想根基。

《国务院办公厅关于进一步优化地方政务服务便民热线的指导意见》（〔2020〕53 号）明确提出了政务服务便民热线的四个重要作用，即有效利用政府资源、提高政务服务效率、加强监督考核、提升企业和群众的满意度，并提出了工作要求和任务目标，要求把政务服务便民热线做到及时处置和办理，实现接得更快、分得更准、办得更实；提出了建立健全热线相关工作机制，包括统筹协调机制，转接、高效协同机制，分级分类办理机制，信息共享机制，接诉即办工作机制，热线联动机制等。这为辽宁做好政务服务便民热线工作，奠定了坚实的思想基础。

二 优化机制：推进热线发展与治理创新的辽宁实践

近年来，辽宁紧紧围绕优化营商环境、及时处理企业和群众诉求，发挥 12345 政务服务便民热线的功能和作用，开展了一系列综合整治行动，收到了很好的效果。2022 年，辽宁省 12345 政务服务便民热线共受理有效诉求 1301.6 万件，增长了 142%，办结率 99%，满意率 84%。③

通过 12345 政务服务便民热线，重点倾听企业和群众的意见与呼声，及时解决政府诚信、权力运用、群众关切、社会治理、干部精神状态等问题，辽宁省营商环境建设不断推进，市场经营主体总量不断增加。2016 年，辽宁市场经营主体总量只有 290 多万户，而到了 2023 年上半年，全省市场经营主体总量突破 490 万户，其中企业达到了 126.0 万户，

---

① 《"我们对东北振兴充满信心"——习近平总书记考察辽宁纪实》，http://www.news.cn/politics/leaders/2022-08/19/c_1128930603.htm，最后访问日期：2024 年 3 月 27 日。
② 《习近平在辽宁考察时强调深入实施创新驱动发展战略》，https://www.gov.cn/ldhd/2013-09/01/content_2478815.htm，最后访问日期：2024 年 3 月 27 日。
③ 本文数据均由作者所在单位提供。

个体工商户达到了 356.6 万户。

三 勇面挑战：清晰准确认识热线发展与治理创新面临的问题与挑战

当前，从 12345 政务服务便民热线收集到的群众反映问题看，主要有社会信用、涉法涉诉、信贷融资、冬季供暖、劳动工资、医疗纠纷、社会保障、购置住房、土地拆迁、城市改造、交通拥堵、预付式消费等问题。这些问题的存在，反映出优化营商环境的任务艰巨，必须从净化政治生态入手，破解深层次的体制机制和党风廉政建设问题。与此同时，我们也要看到，当前政务服务便民热线在自身建设上也存在一些差距和短板：一是接到举报投诉，处理不及时；二是举报投诉反映问题不准确；三是办理效率较低，有的事久拖不决；四是对企业和群众的投诉逐级上报，逐级反映，贻误化解矛盾的有利时机；五是缺少工作合力，责任不清，办事推诿扯皮，这是政务服务便民热线面临的较为突出的问题。

四 提升效能：创新协调联动机制

辽宁在提升政务服务便民热线效能方面，做了积极探索和创新实践。第一，将 12345 政务服务便民热线现有的省、市、县、乡四级办理工作体系与网格化管理体系的街道、社区相融合，形成了诉求问题六级联动处理机制。第二，建立同一标准、同一流程、同一规范、同一考核的管理体系，搭建对诉求全流程的"一网统管"社会治理与便民服务平台。第三，建立"随手拍"、政企直通车等载体，拓宽了社情民意收集渠道，形成了"人人都是网格员"的工作格局。第四，制定了具体管理办法，出台了诉求办理实施细则，建立了考核评价细则、数据安全管理细则、平台管理和服务规范等制度性规范，在管理上进入规范化轨道。第五，组织开展先行试点,在沈阳市和平区、皇姑区,大连市中山区,鞍山市,营口大石桥市和站前区进行先期试点。在此基础上,召开全省会议进行总结推广,现在辽宁12345政务服务便民热线加强网格化管理已经在全省全面铺开。

下一步,辽宁将紧紧围绕优化营商环境、打造让人民群众满意的政务服务便民热线,重点在以下四个方面继续努力。

第一,把群众满意度作为12345政务服务便民热线的根本标准,进一步提升诉求办理质效。金杯银杯不如老百姓的口碑,更好建设12345政务服务便民热线,必须进一步针对解决企业、群众和社会反映强烈的痛点难点问题出实招、求实效。建议聚焦诉求办理中的突出、典型和疑难问题,持续跟踪督办,加大调度、督导、约谈和通报力度,一抓到底,逐件销号;系统总结企业诉求办理过程中取得的新突破,注重归纳制度性成果、体制机制改革经验,推动方向性、根本性、体制性问题整改整治,将问题解决与实现高质量发展有机结合起来,不断提升人民群众的认可度和满意度。

第二,把数智化改造提升作为建好12345政务服务便民热线的努力方向,进一步推动系统优化升级。"一个号码管服务""一个平台听民意"只是12345政务服务便民热线改进工作的起点,还需要持续开展平台数智升级优化和标准化建设等相关工作,提升知识库应用性和实用性,进一步规范全省12345政务服务便民热线的权责清单,全面推广"12345 +网格"试点经验,实现省12345政务服务便民热线平台与基层社会治理网格化平台有效融合,不断提高数字化、智能化、标准化管理水平,打造基层治理的新示范。

第三,把标准化、规范化、数字化一体推进作为建好12345政务服务便民热线的重要基础,进一步提高信息处理能力。辽宁省12345政务服务便民热线已经形成了横向互联、纵向互通的体系,还需要依靠互联网、大数据、人工智能、区块链等新一代信息技术和治理方式的强力支撑。建议进一步提高企业、群众和社会各类诉求信息数据分析的科学性、精准性和实用性,加强数据采集和整理,提升技术团队的分析研判能力,完善预警发布和督办机制,提高各地区、各部门、各行业对热线数据分析利用的重视程度,及时掌握舆情民意、社会动向、市场信号,不断提升政务服务和政府决策的科学性,全面提升政府管理效能。

第四，把接得更快、分得更准、办得更实作为建好12345政务服务便民热线的工作目标，进一步完善创先争优机制。按照辽宁省委、省政府的部署要求，围绕全面提升12345政务服务便民热线服务能力和工作水平，建议启动实施"六个一批"创建工程、组织开展"六项一流"专项行动，努力打造具有辽宁省特色的优化营商环境"升级版"。"六个一批"创建工程，即深入探索一条改革路径，让"热线+网格"创新融合，不断激发基层治理新活力；积极推出一批创新举措，让"热线+网格"稳定运行，打造新时代"枫桥经验"辽宁样板；梳理规范一批办理流程，提升"热线+网格"的时效性，推动诉求响应更快、问题解决更好；打通一条"数字经络"，让"热线+网格"整体更数智化，通过开展大数据应用，强化大数据赋能，提升热线辅助决策及风险预判能力；建立一套数据指标体系，全覆盖、全方位让"热线+网格"可考核可评价，不断提升精细化管理和精准化服务水平，着力提升为群众办实事能力；拓展系列"热线+"工作路径，更好地回应群众多元化诉求需要，建立"热线+督查""热线+纪检监察"等工作机制，与信访、110、人大、政协等平台互通融合，建立多元诉求同推互促破难题机制。"六项一流"专项行动，即提供一流服务，持续深化12345政务服务便民热线"诉接速办"改革，从事后治理转为事先预防，牵引好群众满意、企业安心的"连心线"；确保一流质量，开展热线遗留问题清理整治工作，将群众反映强烈的问题转化为责任清单，开展"清单式"清理整治，着力解决多年形成的破坏营商环境的陈年旧账和顽瘴痼疾问题；提升一流速度，全力推进热线"一网通办"高效快办，提高响应速度，缩短办理时长，着力扩大企业、群众办事覆盖广度并提升方便程度和快捷速度；塑造一流品牌，精心培育热线服务品牌，实现全省"12345"一个号码管民生，着力扩大影响、提升建设质量，提升企业、群众的获得感和满意度；践行一流标准，全面提升热线服务标准，遵循高质量发展要求，牢固树立"人民至上"理念，严格对照国家级标准体系，用心用情做好热线工作，着力形成优化营商环境综合竞争实力；树立一流形象，树立"人人都是营商环境，个个都是开放形象"的理念，投入感情、释放热情、办好事情。

北京接诉即办改革中的数智治理实践

冯颖义*

习近平总书记高度重视互联网和大数据在城市治理中的作用，强调"要建立健全大数据辅助科学决策和社会治理的机制，推进政府管理和社会治理模式创新，实现政府决策科学化、社会治理精准化、公共服务高效化"①。北京市深入贯彻落实习近平总书记的重要指示精神，依托12345市民服务热线，逐渐探索形成接诉即办的治理经验，并将接诉即办的制度优势转化为首都基层治理效能。

接诉即办是什么？2021年9月24日，北京市第十五届人民代表大会常务委员会通过的《北京市接诉即办工作条例》，总结了接诉即办的成功实践经验，提高了接诉即办工作规范化水平，为继续深化改革、推进首都治理体系和治理能力现代化提供了法制保障。该条例明确了接诉即办的功能定位与制度内涵，接诉即办是北京市对自然人、法人或者其他组织（统称诉求人）提出的涉及本行政区域的咨询、求助、投诉、举报、建议等诉求给予快速响应、高效办理、及时反馈和主动治理的为民服务机制。北京市委、市政府将接诉即办改革作为首都超大城市治理能力现代化的重要途径，要求12345市民服务热线及北京市各级各部门持续推进建设工作。12345市民服务热线与市民关联度日益提升，对热线在为民服务主体匹配方面提出了更高要求。2019年以来，按照北京市委、市政府统一要求，全市各级各部门、各区、街道（乡镇）、社区（村），市属国有企业等，均推

---

* 冯颖义，北京市市民热线服务中心党委副书记、副主任。

① 《以大数据促进国家治理现代化》，http://theory.people.com.cn/n1/2019/1025/c40531-31419496.html，最后访问日期：2024年3月28日。

行接诉即办工作机制。

接诉即办是当前广大专家学者重点关注的议题之一，其原因有二：一方面，专家学者长期致力于观察、研究相关部门的工作进展，并与其展开紧密的研究合作；另一方面，接诉即办机制在城市运行过程中展现出了快速响应、高效办理、及时反馈和主动治理等优点与亮点，获得了社会的广泛认可和积极反馈。

接诉即办为何为社会所熟知且信赖？这源于其高效的办理速度、较大的办理力度，以及显著的办理效果。在北京市，无论是市委书记还是社区书记，都坚定地贯彻高效办理的要求，这种自上而下的高效运转模式，使各类问题都能迅速得到关注和解决。北京市党建引领接诉即办改革经历了三个阶段，即党建引领"街乡吹哨、部门报到"—"接诉即办"—"主动治理"，分别对应了城市治理重心"沉下去"、各方治理主体"动起来"和基层治理效能"强起来"三个特征。当前，处于主动治理阶段，治理主体不再局限于市民通过热线来反映诉求和提出问题，还通过深入分析研究实践现状和历史问题来探寻治理规律，为下一阶段决策与未来城市治理奠定坚实基础。

北京市接诉即办为何能展现出如此强大的执行力？2019年以来，北京市深化党建引领"街乡吹哨、部门报到"改革，推行以12345市民服务热线为主渠道的"接诉即办"改革，推动了北京市超大城市基层治理变革。2019年1月启动改革后，进程并非一帆风顺。然而，在凝聚改革共识、形成改革合力后，北京市成功动员全市各层级力量，依照党的十九大及系列会议精神构建了工作体系，即坚持以人民为中心的发展思想，遵循党建引领、改革创新、重心下移、条块联动的原则，建立党委领导、政府负责、民主协商、社会协同、公众参与、法治保障、科技支撑的接诉即办工作体系，推动形成共建共治共享的社会治理格局。

同时，改革成果还有赖于广集众智和群策群力，有赖于众多专家学者与业界同人的参与。随着实践经验的积累和理论研究的深入，接诉即办改革内容愈加丰富和全面。在理论层面，专家学者提出了许多有深度的观点和建议，为改革提供了坚实的理论支撑和理论指导。在实践层面，北京市

12345市民服务热线更加关注如何解决企业与群众在生产生活过程中的实际问题和困难。北京市委、市政府明确提出，要聚焦并解决企业和群众身边的操心事、烦心事和揪心事，通过量化跟踪分析揭示不同类型事件反映的不同问题，深入分析感知企业和群众的情绪因素，及时处理和解决企业和群众的急难愁盼问题。

北京市基于市民服务热线搭建的平台，构建了多级联动体系，从市级、区级，到街道、乡镇，最终延伸至社区、村，形成了完整的诉求处理链条。热线平台受理并直派企业和群众的多样化诉求，相关部门落实响应、高效办理，形成各方合力，不断提升企业和群众的获得感与满意度。此外，北京市委、市政府致力于将其打造成一个感知敏锐、响应迅速、解决问题的平台，以高效、务实的方式为企业和群众提供帮助与服务。这不仅是一个简单的概念，还是各部门共同的使命和责任，体现了北京市对未来发展的坚定信念和愿景。

2023年9月13日，北京市在海淀区八里庄街道举办了2023年第八场"学典型 找差距 促提升"接诉即办基层经验月度分享活动。八里庄街道作为此次活动的承办单位，提炼核心思想，深入剖析和解读接诉即办改革实践核心内容。通过现场观摩调研、组织座谈会等形式，八里庄街道聚焦解决拆违等城市更新整治的关键问题。在座谈会上，其他街道和乡镇代表被邀请前来观摩学习八里庄街道在拆违过程中的实践经验。通过一系列活动，北京市成功搭建了一个创新学习平台，让全市各街道和乡镇责任单位能够互相学习、互相借鉴、互相促进，共同提升基层治理水平。这种以实地学习促进提升的方式，有效提高了全市各基层单位问题解决的能力，推动了基层治理水平的提升。

对于北京市而言，接诉即办建设过程兼具复杂性和挑战性。热线背后所蕴藏的宝贵经验和智慧主要体现在基层治理，并且其中的工作机制、制度、方式和方法在接诉即办改革中展现出极高的实践价值。同时，对于专家学者而言，接诉即办作为一个值得深入探究的重要议题，涉及公共服务创新、基层治理优化、公民参与促进等多个层面，需要从理论和实践角度全面分析与探索。因此，接诉即办不仅是北京的一项改革举措，还是全国乃至全球公共服务创新与基层治理改革的一个重要参考和借鉴。

一 聚焦基础业务赋能创新，推动系统平台建设

（一）诉求人画像识别——接得明白

自接诉即办改革实施以来，2019～2022年热线工单量从696万件攀升至7592万件。[①] 面对与日俱增的庞大工单量，为确保话务员能够准确、清晰接听并理解工单，热线平台上线了诉求人画像识别功能。诉求人画像识别诞生于一线话务员实践需求。在一次热线的工作总结会议中，一名有其他热线经验的话务员反映，原以为根据自身工作经验足以应对12345市民服务热线的各种情况，但在实际业务场景中，由于热线业务范围非常广泛，在应对各种不同工单时仍会遇到出其不意的棘手难题。对此，北京市市民服务热线相关部门创新开发诉求人画像识别功能，使话务员在接听电话的同时能够获悉来电者基本情况并做出相应准备。为提升话务员的应答能力，热线通过人物画像对诉求人深入描绘，不仅包括自然人，还涵盖了法人代表等不同类型。同时，诉求人画像识别功能还通过优化操作系统标签，在受理诉求人来电时，自动展示同一号码历史来电频次、反映问题类别、服务投诉次数、重复诉求答复口径等内容，为话务人员提供简单的人物画像，便于其根据诉求人特点提供更加精准的靶向服务。

（二）格式化模板应用——接得便捷

格式化模板应用以网络交易问题为小切口，推出高频细分场景派单指引。调查发现，在市民遇到问题且不知道应该找哪个部门处理的情况下，12345市民服务热线往往会成为首选并起到兜底作用，这对话务员提出了更高的要求。疫情期间，网络交易数量大幅增加，市场活跃度显著提升，随之而来的是服务质量和商品质量等相关问题的增加。对此，热线针对地

---

① 本文数据均由作者所在单位提供。

下空间、网络交易、快递物流等问题，不断推出更多定制格式模板。当涉及特定关键词或多个关键词时，系统通过智能匹配和问题类型计算，自动弹出提示框来指导话务员归类问题。同时，在明确各类问题具体询问要素后，话务员可以一键导入生成工单。格式化模板应用通过受理前端规范工单记录文本数据，提升了受理和派单工作效能，同时为后期数据分析奠定了扎实的基础，从而帮助话务员更快速、准确地了解企业和市民的诉求，提高了整体服务质量和效率。

（三）智能语音分流——接得高效

为应对疫情应急处置问题，热线推出健康宝弹窗机器人智能应答以及IVR智能语音分流接听功能。2022年疫情防控期间，因疫情防控市民出行受限，面对庞大的工单话务压力和各种突发应急场景，热线采取策略，将人工热线留给紧急需要的生命通道，拓展新的承接渠道来处理常态化工单。在此背景下，热线上线了健康宝弹窗机器人，快速有效分拣工单并且帮助话务人员处理常见诉求，例如根据不同话务场景逻辑匹配智能应答、紧急就医专线，推进IVR智能语音分流接听等。其中，健康宝弹窗机器人从2022年3月19日上线到12月12日下线，共接听市民反映问题工单2295.68万件，日均8.57万件，大大减轻了特殊时期话务员的压力。此外，在智能机器人的辅助与支持下，热线部门极大地保障了紧急就医救助类通道，确保了人工热线的服务质量，使有限的人工资源更精准高效地服务于更加需要帮助的人群。

（四）智能知识库建设——答得全面

智能知识库建设是全国各省区市积极探索的重要工程，不仅仅是知识存储的基础性建设，更是辅助话务员提升服务效能的重要支撑。在过去的实践经验中，热线工作人员认识到单纯地增加知识库信息量并非首要任务，更为关键的是知识库建设的实用性和全面性，能够针对不同咨询场景进行科学有效匹配。

为了使知识库更加实用，热线智能知识库的信息量高达16万条，并且通过"知识问答""场景话术""一图读懂""业务指引""思维导图"等多种形式,为公众提供更为便捷、精准的政策解答。此外,智能知识库支持动态更新信息,如全市各市级部门、区、街道、乡镇等的最新资讯,这些信息会随着时间和地点的变化而变化。智能知识库信息的动态更新,可使话务员高效应对如停水、停电以及自然灾害等突发情况。为了使智能知识库更加完善,不仅需要确保智能知识库建设的合理性,还要提高智能知识库匹配的精准度。只有做到上述两点,才能更全面地回答企业和市民的问题。

总体而言,热线部门通过对北京市 12345 市民服务热线高频热点问题的分类设置,深挖智能知识库功能,提升知识统筹和管理功能,汇聚专项业务,建立多层次专辑分类场景,形成专项工具箱。同时,利用"知识问答""场景话术""一图读懂""业务指引""思维导图"等多种形式相互融合、互相关联,搭建了全方位、多维度的高度整合知识体系,实现了智能知识库的内容多点聚合,有效提高了政策要点解读效率。

(五) 派单业务场景改革——派得准确

派单业务场景改革的推动力源自法规要求,即力求提高派单的准确性。工单的准确派发对于提升接诉即办效率具有至关重要的意义,是实现高效服务的关键手段。因此,热线部门从市级层面出发,启动改革并持续推动其发展。

在改革实施过程中,热线平台通过明确各类高频场景询问要点和派单处置方向,明晰诉求范围边界,探索出更多可复制、可推进的小切口,并通过业务图谱形式加强派单事项解读,不断优化热线派单工作指引,形成北京 12345 市民服务热线高频问题处置业务思维导图。此外,热线依托接诉即办工作机制,会同承办单位不断修正派单原则和范围,推出重复反映告知单功能,以减轻基层重复办理诉求的压力。与此同时,热线部门在征询市级部门、各区及街道、乡镇的意见和建议的基础上制定标准,实现在不同区域内更精准派单。热线平台整理和分析询问要点、问题划分和处置要求,分别展示原则性内容及场景化内容,帮助话务员在遇到不同问题时根据分类和判断来解决问题。这一改革举措不仅满足了法规要求，也考虑到了不同层级管理机构的实际情况；不仅提高了派单的准确性，有效提升了服务质量和效率，而且更好地满足了企业和市民的需求。

（六）首接负责协同办理——办得透明

首接负责协同办理机制是由北京市政务服务和数据管理局主导建立的。热线平台在处理市民诉求或咨询时，往往无法仅依靠单一部门就能彻底解决问题。因此，热线平台推行首接负责协同办理，以协同办理的方式来高效、透明地解决诉求。

热线平台上线"首接负责主办协办"功能，支持全市各区、市级委办局、市公服企业、国资企业等二级单位双向提出协办申请。在机制实施过程中，热线平台确定首接单位和主责单位，并在系统上精准标注相关任务。涉及多部门的复杂疑难诉求，首接单位通过北京市12345热线平台发起协办，组织有关单位共同研究解决方案，协办单位需定期向首接单位报告工作进展，以及时调整策略和优化流程。首接负责协同办理机制能够有效地将各个部门串联起来，共同致力于解决市民诉求，实时掌握疑难诉求处理进度，合理调配资源，不仅有助于优化各部门各单位协同配合机制，极大地提高诉求解决效率，还能让市民在解决问题的过程中感受到热线工作人员的专业与诚意。

（七）BI数据智能分析——分析得清晰

北京市12345市民服务热线致力于探索智能技术在辅助业务场景中的广泛运用。现阶段，智能技术已成功应用在质检、回访和考评等领域。其中，热线平台依托回访业务助手，以两个并行通道辅助回访工作人员与受助市民，通过实时的语音转写和交互，验证话务员在系统上填写的选项是否与市民语音所做的评价完全匹配。回访业务助手在考评工作中发挥重要的作用。回访业务助手通过人工印证及系统的持续校正，确保了回访的准确性，保障了考评工作的顺利开展。

为了实现精细化和深度化的数据分析与数据挖掘，热线部门采用商业智能（BI）数据建模和智能分析工具，通过不断完善 BI 数据智能分析系统，丰富了近百个数据支撑 BI 模型，实现了数据汇聚、清洗、分析、运算服务自动化。如应用 BI 工具从空间分布、时间变化趋势等各种维度对市民诉求受理情况开展全面数据分析，按照实际需求适时进行评估检测、新词发现、群体性诉求、防汛等分析场景，定期推出日报、周报、月报等常规报告，并针对特定主题推出专题报告。此外，BI 数据智能分析通过探究诉求内容规律，监测城市运行体征，诊断城市运行和治理中的问题，为城市未来发展趋势提供风险研判，为领导层决策提供更精准、更可靠的支撑，从而提升主动治理的能力。

二　推行"热线＋"融合聚能，实现治理协同联动

北京市 12345 市民服务热线重点推行"热线＋"接诉即办模式，旨在利用热线数据实现更高效、精准地接诉和办理。热线数据对于政府部门的被动受理和主动治理来说至关重要。因此，不仅需要在制定城市规划、方案等核心工作中强调"热线＋"接诉即办的重要性，还需要在与城管、住建等部门的数据交互中采用"热线＋"接诉即办模式。

（一）"热线＋网格"，探索数据汇集新模式

为实现更高效的数据汇集和分析，热线部门采用"热线＋网格"的双轨制数据采集方式，大力推进跨部门、跨层级、跨区域的数据协同体系建设。这种方式既包含了热线自身的数据积累，又整合了来自不同部门的关键信息。同时，热线平台可实时清洗和匹配热线数据与网格数据，从而确保了数据质量和实时性。

北京市 12345 市民服务热线不断加强与北京市城管系统的数据协同应用，推进双方系统数据的交互和共享。北京市 12345 市民服务热线实时推送市民反映数据至城管执法部门，一线执法队员可通过手持终端及时获取数据并处理市民的反映和诉求。同时，试点推进与区级城市管理指挥中心

平台数据融合对接，实现将网格巡查的部件类事项、事件类问题与 12345 市民服务热线问题的分类匹配关联，接收并处理部门事件反馈，从而形成闭环的数据交互和治理模式，为推动城市管理类问题"主动治理、未诉先办"打牢数据应用基础，实现从被动治理到主动治理的跨越。这种转变打破了政府各部门之间的信息壁垒，不仅可以推动政府部门间协同高效处理各类事件和问题，还能提前预警和预防潜在的风险与问题。这种转变也为热线平台提供了更多机会，使之在进一步推进热线业务流程优化中为社会和市民提供更好的服务。

（二）"热线＋区域"，建立破解难题新机制

北京市 12345 市民服务热线建立"热线＋网格"为民服务模式，推进跨部门、跨层级、跨区域的数据协同体系建设。尽管北京市 12345 市民服务热线主要面向北京市范围内的问题，但北京市内拥有许多中央国家机关和央企金融机构，并由此产生了大量数据，热线平台通过各种方式将这些数据整合到相关工作系统。用户可以在系统中通过地图选择具体的点位，系统自动提示所选地点并输出精准分布位置。这不仅便利了京津冀地区通勤的居民，也满足了于北京注册但实际经营地在周边地区的企业的需求，使其可更加便捷地获得所需服务。热线平台通过将 5000 余个国家机关、9000 余个央企、200 余个金融机构等央产点位信息落点落图，辅助构建央地联动、条块联动工作机制，推动形成中央、地方解决央产点位群众诉求的合力，助力"四个服务"提质增效。此外，热线还与雄安新区等展开合作，签署了新一轮《推动京津冀相关城市政务服务便民热线协同发展框架协议》，深化京津冀三地政务服务便民热线区域协同，为进一步推进央地联动奠定基础。

（三）"热线＋行业"，实现一体联动新突破

"热线＋行业"的模式有助于推动不同部门间联动合作，实现治理一体化。北京市 12345 市民服务热线首创"12345＋110"联勤联动机制，快速有效处置突发警情，合理分流非紧急类非警务警情。同时，建立"检

察＋热线"合作机制，将热线平台民生数据信息管理使用融入全市数字检察战略整体布局，并运用大数据法律监督模型深挖民生检察"富矿"。2023 年以来，热线部门与市检察院交换涉及"四大检察"监督办案的各类数据信息 118 万余条，筛查出有效线索 8000 余条，转立各类检察监督案件4000 余件。这充分体现出数据赋能的叠加倍增效应，为检察机关找准把握重点行业和领域治理问题提供了可能，切实发挥了信息溯源治理中的参与作用，促进了矛盾纠纷源头化解，推动了社会治理标本兼治、系统施治。

高位推动 多线联动 平台撬动

——架起企业和群众诉求分类高效处置的"立交桥"

黄忠传[*]

南宁市近一两年重点探索了高位推动、多线联动、平台撬动的高效处置工作。相比国内的很多先进地区和城市，南宁市还有很多需要学习的地方。本文的分享主要聚焦南宁市 12345 政务服务便民热线与 110 报警服务台的联动。近些年来，大量的非警务求助、诉求挤占了 110 的警务资源，大量需求的涌入促使 12345 政务服务便民热线与接警服务联动工作提上日程，以推动警务资源切实运用到应急处置工作，更好地发挥其效益。

一 基本情况

（一）南宁市基本情况

南宁市（简称"邕"）是广西壮族自治区首府，总面积 2.21 万平方公里，[①] 辖七个城区、五个（市）县、三个国家级开发区，常住人口 889.17 万人。[②] 同时，南宁市是中国 – 东盟博览会永久举办地、国家推动高质量实施 RCEP 战略的重要城市、中国 – 东盟自由贸易前沿中心城市、面向东

---

[*] 黄忠传，南宁市行政审批局党组成员、局长。

[①] 《行政区划》，https://www.nanning.gov.cn/zjnn/xzqh/t674107.html，最后访问日期：2024 年 3 月 29 日。

[②] 《2022 年末我市常住人口达 889.17 万人》，https://www.nanning.gov.cn/ywzx/nnyw/2023nzwdt/t5551702.html，最后访问日期：2024 年 3 月 29 日。

盟开放合作的国际化大都市、中国－东盟跨境产业融合发展合作区。

（二） 南宁市 12345 政务服务便民热线基本情况

作为南宁市 12345 政务服务便民热线前身，南宁市市长热线于 2001 年正式开通，已有 20 多年发展历史。通过不断发展和探索，南宁市 12345 政务服务便民热线不断壮大，总结了一套具有南宁特色、符合时代特征的热线模式。

现阶段，南宁市 12345 政务服务便民热线设置了 224 个座席，话务团队规模为 250 余人。[①] 这个规模对于南宁市经济体量而言属于起步阶段，可初步保证 12345 政务服务便民热线正常运行，日均受理来电 8000 余通。下一步，按照南宁市经济体量，热线计划进一步扩大话务规模。与此同时，同兄弟城市一样，南宁市积极推进诉求电话、门户网站、公众号、国家投诉平台、主席信箱、政府留言板等多种渠道一体化平台的建设。

20 多年来，在各方及 12345 政务服务便民热线话务人员的共同耕耘和努力下，南宁市 12345 政务服务便民热线先后获得了青年文明号、全国三八红旗集体、全国巾帼文明岗以及自治区一等功公务员集体、全国最佳政务热线等荣誉称号。

二 12345 话务平台与 110 报警平台联动工作的主要做法及成效

（一） 高位推动统筹部署，筑牢协同治理"硬保障"

早在国务院办公厅印发《关于推动 12345 政务服务便民热线与 110 报警服务台高效对接联动的意见》（国办发〔2022〕12 号）（以下简称《联动意见》）前的 2020 年，南宁市就开始了 12345 话务平台与 110 报警平台联动机制的探索，并将其列入热线话务改革创新清单，同时列入南宁市委、市政府的年度改革工作任务。改革工作任务高位推进，在自治区政府

---

① 除注明来源的，本文数据均由作者所在单位提供。

的支持下，南宁市大力探索 12345 政务服务便民热线解决应急类和非应急类诉求的信息互联、共享和分流。在《联动意见》印发后，南宁市明确定位，要干在前、做表率。2022 年 6 月，南宁市委、市政府就召开 12345 话务平台与 110 报警平台联动工作专项汇报会。南宁市常务副市长听取了此项工作的汇报，并做出了批示和指示，从而推动了 12345 话务平台与 110 报警平台的高效对接联动。

1. 强化组织保障

公安 110 系统作为一个极具影响力的品牌，在为民解忧办事、解决群众困难方面发挥了非常大的作用。如何有效利用 12345 话务平台和 110 报警平台两个资源，发挥"1 + 1 > 2"的作用是南宁市改革探索的目标。为此，为推动 12345 话务平台与 110 报警平台高效联动，南宁市研究出台了联席会议制度，印发了《南宁市 12345 政务服务便民热线与 110 报警服务台高效对接联动工作联席会议制度》（以下简称《联席会议制度》）。联席会议制度由市政府常务副市长作为总召集人，分管公安局的副市长作为副召集人，共同高位推动联动工作的统筹部署。联席会议制度共有 70 个联席会议成员单位，涉及政府 70 个有关部门，为 12345 话务平台与 110 报警平台话务流转、分派、联办等环节打下了坚实的基础。此外，为高效推进联动协同，南宁市公安局跟市行政审批局成立了工作专班，实行事事会商、专人跟踪和层层落实，极大地提升了热线在处理群众来电方面的效率。2022 年，广西壮族自治区公安厅将南宁市公安局定为"12345 + 110"联动工作的唯一试点单位，对南宁市提出了更高的要求，突出了南宁市的表率和领先作用。在组织保障方面，南宁市在推进改革方面下了很大的功夫，最初考虑仅热线和公安部门推进工作，但改革力度不够大，后上升到市委、市政府层面来统筹推进，并取得自治区一级支持。在此基础上，改革工作的推进才具备了坚实的组织保障。

2. 强化机制保障

自 2022 年国家出台《联动意见》以来，各地纷纷开展对 12345 和 110 联动的探索工作。如何完善机制来推动热线工作，使之有一个可参照、可执行的标准？对此，2020 年 11 月，南宁市印发了《南宁市公安局 110 报警服务台与南宁市行政审批局 12345 政务服务便民热线社会联动事项处置工作机制》（以下简称《工作机制》），并在《联动意见》印发后做了更具体的细化和深化，于 2023 年 1 月出台《南宁市 12345 政务服务便民热线与 110 报警服务台高效对接联动实施方案》，进一步完善联办转办机制、会商交流机制、日常联动机制、应急联动机制和首接责任制等，这些机制有效推动了热线工作走深走实。

2020 年 11 月，南宁市政务服务便民热线梳理了南宁市 110 非警务警情话务分流事项清单 1.0 版，涉及卫生医疗、劳动保障、生态环保、市场监管等领域，详细划分了哪些项目归 110 负责，哪些项目归热线处理；在《联动意见》下发后，分流事项清单又升级到 2.0 版，内容更加全面。现阶段热线进一步推进话务分流事项清单的细化工作，力争做到有据可查，减少工作推诿。若遇到职责不清的情况，则通过协商的方式处理，并在明确职责后纳入分流事项清单。

3. 强化技术保障

在技术保障方面，目前南宁市热线使用自治区一级统建的 12345 话务平台，但是南宁市 110 报警平台是市一级开发的平台，如何实现自治区一级 12345 话务服务平台和市一级 110 话务平台有效对接、解决第三方通话和话务共享等问题，是目前急需考虑的。现阶段，南宁市与自治区一级在积极沟通的基础上实现了通力合作。一是实现了网络互通，使用网络安全转换技术，通过物理网闸实现网络安全和数据互通；二是实现了平台数据融合，搭建中间数据库，通过接口对接，实现数据汇聚融合；三是实现了呼叫能力提升，通过一键转接、三方通话，构建了群众诉求一点受理运行模式。

4. 强化队伍保障

在队伍保障方面，南宁市创新性地设置南宁市 12345 与 110 高效对接联动专区，线上 12345 话务平台与 110 报警平台对接到统一话务平台，线下 12345 话务平台与 110 报警平台合并到同一个实体大厅。高效联动专区设置 10 名话务专席，实行 7×24 小时人工服务，一键转接、三方通话，快速分流、接诉即办的运作模式，实现了线下无缝对接、现场办公沟通零距离。

（二）高标准定位多线联动，畅通诉求受理"立交桥"

1. 高质量完成非紧急政务热线全面归并

南宁市 12345 热线归并较早之前就已提出，但当时相关规定并不多；在 2020 年《国务院办公厅关于进一步优化地方政务服务便民热线的指导意见》（国办发〔2020〕53 号）中提出加快各地政务服务便民热线归并后，南宁市 12345 政务服务便民热线就进一步全面整合 47 条热线及部门公开电话；实现一号对外，提供 7×24 小时全天候人工接听受理服务；数据融合，实现了 12345 政务服务便民热线与原政务热线主管单位平台数据实时交互。例如，12345 政务服务便民热线与 12315 消费者维权热线的互联数据融合发挥着重要的作用。12315 消费者维权热线在国内影响力极大，消费者习惯拨打 12315 消费者维权热线反映情况。在热线归并、双线双号并行下由 12345 政务服务便民热线团队接听。受理信息、工单转办和来电数据分析如何更好地让主管单位掌握和落实，数据的互联互通和实时共享如何更好地发挥作用，是需要重点考虑的。这也对热线平台提出了长期升级更迭发展的要求。

在成效方面，热线归并后，南宁市 2022 年话务量达 242.82 万通，相较 2021 年上涨 3 倍，话务量约占广西及其 14 个地市热线同期接听总量的 1/3。2023 年月均人工电话接通率为 93.81%。归并后的南宁市政务服务便民热线形成了一号受理、统一监督管理、受理渠道畅通的政务热线"总客服"格局。

2. 高标准推进 12345 话务平台与 110 报警平台联动工作

一是早谋划，提前建立 12345 话务平台与 110 报警平台联动机制。在 2020 年 11 月，南宁市政务服务便民热线梳理了第一批社会联动事项分类流转清单。在 2021 年上半年，完成 12345 话务平台与 110 报警平台系统对接，实现了数据流转和双向推送功能。在 2021 年 6 月，正式建立 12345 话务平台与 110 报警平台电话渠道与互联网渠道相结合的分流转办机制。

二是抓落实，进一步完善对接联动机制。一方面，重新梳理非警务警情诉求的范围，深化高效对接联动机制。在社会联动事项分类流转清单

1.0 版的基础上，进一步梳理了 22 大类。目前，南宁市 110 报警平台每年接到近 200 万通来电，其中 40%～50% 是非警务警情诉求。在热线归并后，非警务警情诉求就流转到 12345 话务平台，在话务人员不增加的情况下，热线如何高效地处理 110 转过来的非警务警情诉求，是对南宁市 12345 政务服务便民热线提出的更高要求，也是南宁市政务服务便民热线的自我加压。另一方面，细化分流转办具体规则和事项清单，确保通过双向联动推动诉求高效处理。非警务警情话务分流事项清单 2.0 版，主要是细化分办、转办规则和流程，确保 12345 话务平台和 110 报警平台双向联动，提高公众诉求办理效率。

三是广宣传，提高联动知晓率。在热线宣传过程中，在政务服务便民热线知晓度的提升的同时，也伴随着政务服务便民热线来电量激增带来的挑战，对此，南宁市采取阶段性逐步扩大的方式进行宣传，以契合当下南宁市将近饱和的话务载体实情。目前，第一阶段，南宁市以传统纸媒、电视宣传的方式进行拓展；第二个阶段则走进社区，组织现场活动宣传；第三个阶段是探索抖音、公众号宣传的方式。

截至目前，通过广泛宣传，政务服务便民热线取得较好成绩。在派警率方面，2022 年 1～2 月非警务警情类事项有 66053 件，其中派警 18019 件，派警率为 27.28%。在分流率方面，分流到 12345 政务服务便民热线的有 48034 件，分流率为 72.72%，同比上升 21.29%。在电话呼入率上，110 报警电话呼入率为 96.91%，同比上升 10.94%。

3. 全方位拓展多线联动渠道

一是加强与其他热线的联动。2022 年 11 月 10 日，南宁市行政审批局印发了《南宁市 12345 政务服务便民热线与 119、120、122 热线及水电气公共事业服务热线应急联动工作方案》，涉及水电气紧急报修、应急处置的公共诉求可以通过政务服务便民热线实现一键转接、三方通话、三方流转，及时将诉求推送到相应的业务主管部门。

二是推出热线跨市联动服务。南宁市作为广西壮族自治区的首府，聚集了很多跨市的务工人员，这类人员的话务内容往往会涉及原户籍地。为解决这个问题，南宁市采用"话务转接＋工单流转"方式，探索建立城市热线"跨市通话"机制。公众拨打 12345 政务服务便民热线就可以流转联动到诉求当地的热线，从而实现了群众来电诉求在联动城市内即时流转，实现了"打一个电话办一件事"，极大地便利了务工人员，并解决了他们的热线诉求。

此外，南宁市牵头联动桂林、玉林、百色，推动跨市工单流转，冲破了热线受理只限本市的壁垒。现在，"跨市通话"工单平均每个月一千余件。2023 年，南宁市还进一步与佛山市开展合作，实现了跨省联动机制。广西在佛山市务工的人员有六七十万人，他们可以通过拨打佛山市 12345 转办到南宁市热线来解决诉求。

三是探索"12345＋检察监督"联动机制。为将来电诉求办得更实，发挥检察监督功能，南宁市 12345 政务服务便民热线与 12309 热线联动对接。相关部门召开联席会议，建立双向培训机制，采用疑难事项会商解决办法，联合开展法律咨询公益活动。"12345＋检察监督"联动机制，使政务服务便民热线与检察院在受理公众来电诉求的协调工作上效果更佳。

例如，南宁市曾受理过一个养猪场案例。热线接到群众来电，反映养猪场的污染影响到居民生活，而且养殖场的相关手续不齐全，热线派单到属地的相关部门后依旧没有彻底解决，还是反复收到投诉来电。为解决这一问题，热线采取"12345＋检察监督"联动机制，集齐相关责任部门到现场一同督办，快速解决了养猪场环境污染问题。今年，南宁市政务服务便民热线计划与检察院进一步加强合作，提高政务服务便民热线工单处理的效率，将群众诉求办得更好、办得更实。

（三）高质量落实诉求办理，撬动提质增效"硬杠杆"

1. 分类受理，分级办理，群众诉求办得更快

过去，群众会拨打 110 反映噪声扰民、劳资纠纷等非警务警情事项，110 难处置且严重占用了警务资源。一方面，基层警员出警压力居高不下，影响紧急警情处置效率；另一方面，12345 政务服务便民热线承办单位未能及时到现场开展处置。针对这种情况，南宁市政务服务便民热线采取"分类受理、分级办理"的方式，对工单标记专属 110 的事项、对联动事

项按照紧急程度进行分类，区分突发事件和普通事件。针对突发事项，12345 与 110 采取 30 分钟内双方响应、24 小时内办结的做法；对于噪声扰民、劳资纠纷等高频事项，南宁市政务服务便民热线探索"接诉即办"，优化工作流程、压缩办理时限。针对普通事项，热线按照正常办理时限跟踪办理。

2. 重点跟踪，分类督办，群众诉求办得更实

一是系统督办与人工督办相结合。为进一步提高热线工作效率、推动群众诉求办得更实，南宁市采取系统督办与人工督办相结合的方式，具体有预警提醒、电话协调、函件督办、现场办公、会议会商、红黄牌警告等。建立督办会商制度，有效明确工单责任。如遇相关承办单位推诿扯皮，将以督办会商的方式进行协调。2023 年，南宁市政务服务便民热线由政府出面协调了三五件工单，明确了负责的牵头部门，取得了较好的效果。

二是重点跟踪与常规督办相结合。建立工单督查小组和现场（会议）督办协调机制。联动事件工单，全流程跟踪协调，满意度回访，专项质检，抽查承办部门答复规范性情况，实质性协调处理。不仅仅是 12345 话务平台跟110 报警平台联动，南宁市公安局和市行政审批局还联合召开现场督办协调专题会议，针对疑难事项工单进行联合协商督办。

三是日常通报与绩效考核相结合。南宁市政务服务便民热线日常报告热线工作，日常通报与绩效考核相结合，进一步推动群众诉求办得更实。

3. 聚焦热点，关注难点，群众诉求办得更好

一是实时聚焦企业和群众的热点与难点诉求。南宁市政务服务便民热线每月梳理热点、难点事项，印发《南宁市 12345 政务服务便民热线工作简报》，每月梳理报送社情民意信息，数据化反映热线日常工单的基本情况和群众来电的集中诉求，为市委、市政府决策提供参考。

二是常态化开展重点单位主要领导接电活动。单位主要领导接电活动是南宁市从其他城市学习到的先进经验，南宁市 12345 政务服务便民热线于 2021 年建立 12345 热线成员单位领导接电制度。印发成员单位主要负责人轮流值班制度，群众热线来电诉求多的政务部门优先接电。一方面，以领导接电的方式推动公众诉求办理；另一方面，这有利于政府部门及时了

解群众诉求，更好履行部门责任，推动政府部门有针对性地提高工作效率，切实解决群众来电诉求问题。

三　下一步工作计划

下一步，南宁市12345政务服务便民热线秉持以人民为中心的发展思想，紧扣"一号一线连民心，心系邕城为人民"的服务理念；全面深入贯彻落实国务院、广西壮族自治区关于12345话务平台与110报警平台高效对接联动工作的相关工作要求；构建党建引领、多元共治的社会治理新格局，架起企业和群众诉求分类高效处置的"立交桥"；强化机制保障和责任落实，秉持"边建设、边完善、边应用"的探索理念。

全面提升热线服务水平 助力优化营商环境

符凤莲[*]

党中央、国务院高度重视优化营商环境。营造一流营商环境，是海南自贸港建设的核心任务和关键所在。近年来，海南省委、省政府高度重视营商环境建设，提升创新能级，破解发展难题。2020 年，《海南自由贸易港建设总体方案》发布前夕，习近平总书记对海南自贸港建设做出重要指示，强调"要把制度集成创新摆在突出位置，解放思想、大胆创新，成熟一项推出一项，行稳致远、久久为功"。[①] 为贯彻落实习近平总书记关于海南工作的系列重要讲话和重要指示批示精神，加快推动中国特色自贸港建设，对标国际高水平营商环境规则和国内先进经验，海南以营造法治化、国际化、便利化的营商环境为目标，持续推动营商环境迭代升级，制定了《海南自由贸易港优化营商环境条例》。在服务市场主体方面，海南成立了省优化营商环境工作专班，设立"营商环境问题受理平台"，专门受理企业和群众反映的有关损害营商环境的问题线索和改进工作的意见、建议。2022 年底，全国首个营商环境建设厅在海南挂牌成立，作为正厅级省政府组成部门，开创了营商环境建设体制机制新局面，推动营商环境建设进入新的发展阶段。从组建省优化营商环境工作专班，到成立全国首个省级营商环境建设厅，海南实现了有为政府与有效市场的"双向奔赴"。

优化营商环境的重点在于政府如何营造、保护市场主体环境。因此，

---

[*] 符凤莲，海南省人民政府综合服务热线 12345 管理中心原一级调研员。

[①] 《习近平对海南自由贸易港建设作出重要指示强调 要把制度集成创新摆在突出位置 高质量高标准建设自由贸易港》，http://politics.people.com.cn/n1/2020/0601/c1024-31731432.html，最后访问日期：2024 年 4 月 2 日。

27

政府要做好政策告知、优化流程等系统服务工作，拓宽信息渠道，营造公平、透明、可预期的营商环境，更好地发挥海南自贸港政策优势，促进海南经济发展壮大。12345 政务服务便民热线（以下简称 12345 热线）为企业和群众提供了沟通渠道，搭建了沟通平台。畅通诉求表达渠道，实现民意速办，辅助利益协调、权益保障，对全媒体数据收集、提取、研判、分析、整合，提供高效、便捷的政务服务，及时反馈、高效处理反映问题，使 12345 热线成为助力优化营商环境的重要桥梁。

一 热线发展融合营商环境建设工作

2016 年海南运行全国首个省域 12345 热线，建成集政务服务、民生诉求受理、社情民意反映于一体的热线服务平台，旨在为广大市民和企业提供高效、快捷、便民的政务服务，建设让人民满意的服务型政府。自开台至今七年多时间，海南 12345 热线话务量从最初的月均 4.32 万通增长至 2023 年月均 58 万通以上。2022 年，海南 12345 热线呼入量 1708.28 万通、受理有效工单 1249.32 万件，按时办结率 97.53%，回访满意率 98.08%。[①] 如今，海南 12345 热线已然成为当地政府与企业和群众的"连心桥"。

海南 12345 热线的省级管理机构是由原隶属海南省工商局的 12315 消费者投诉举报调处中心改建而来，改建后的机构名称为海南省人民政府综合服务热线 12345 管理中心（以下简称 12345 管理中心）。各市县热线管理工作则分散于县政府办、信访办、工商局、工信局、政务中心、电信公司、数控中心等不同的政府与企业等职能部门。2018 年，12345 管理中心开始了 2016 年成立后的第一次体制机制改革。在省级层面，从原隶属省工商局管理划转至省政府政务服务中心，各市县热线工作也随之归口统一至市县行政审批局及政务服务部门管理。此次管理机制的统一，为热线工作实现全省"一盘棋"、全岛同城化管理的海南热线管理模式夯实了基础。

---

① 本文数据均由作者所在单位提供。

《海南自由贸易港建设总体方案》明确，到 2025 年"营商环境总体达到国内一流水平"，到 2035 年"营商环境更加优化"。2021 年 2 月海南成立省优化营商环境工作专班时，12345 热线便已深度融入其中。同年 11 月 1 日，海南省开始施行《海南自由贸易港优化营商环境条例》。按照该条例规定，海南 12345 热线参与搭建线上"营商环境问题受理平台"，建立"平台统一受理、专人梳理研判、按责分级核办、限时办结反馈、定期回访复核、办结归档销号"的闭环工作流程，着力完善和落实问题发现与受理机制、问题核查督办处理机制、以点带面解决问题长效机制。其中，海南 12345 热线注重发挥平台作用，联动专班成员单位协同开展工作。12345 管理中心选派数名业务骨干支撑营商环境专班座席，专班成员负责对营商环境问题受理平台的工单进行初步判断、梳理、分流、转派，将属于营商环境问题的投诉转至营商环境问题受理平台督办处理，将属于热线受理范围的诉求转至省平台处理，并持续跟进处置情况。

2022 年底，海南省营商环境建设厅在海口正式揭牌成立，这是全国首个单独设立的省级营商环境建设厅。该厅的成立，有利于进一步统筹推进营商环境、政务服务、数据共享、社会信用"一体四面"建设。在此背景下，海南 12345 管理中心再次完成机构改革，机构管理归属至新成立的营商环境建设厅。由此可见，从 2016 年起至今，短短七年多时间，海南 12345 热线无论是在体制机制，还是在工作融合方面，助力优化营商环境的桥梁和渠道作用已经非常突出，平台的赋能和职能职责定位已经十分清晰。

二 助力营商环境建设的"六度空间"

作为政务服务便民热线，12345 热线既是当代中国一项重要的制度创新，也是"以人民为中心"推动服务型政府建设的一个关键抓手。因此，经过七年多的建设与发展，海南 12345 热线已然成为连接各级政府与企业和群众的"连心桥"及反映社情民意的"晴雨表"。对于企业和群众而言，全天候的政务服务便民热线不仅仅可以提供高效便捷的政务服务，更是解决各类问题的渠道。就政府政务服务而言，12345 热线是各级政府与部门了解社情民意最直接和最便捷的渠道，对优化公共资源配置、辅助公共政策执行、推动服务型政府建设具有重要意义。作为涉及经济社会改革和对外开放众多领域的系统工程，营商环境包括了影响企业活动的社会要素、经济要素、政治要素、法律要素等。完善政府在营商环境中的职能定位，要从简政放权、放管结合、优化服务等方面入手。作为一个多领域、多部门、多空间、多视角、多要素的信息汇集与应用的全天候信息化系统工程，12345 热线与营商环境建设有着密不可分的联系。在充分认识和了解12345 热线与营商环境关系的基础上，海南 12345 热线强化责任担当，从温度、高度、广度、深度、速度、精度"六度空间"助力优化营商环境。

例如，海口分平台积极拓展"12345 +"热线功能，优化"12345 + 营商环境"服务流程，加强营商环境专席第三方服务团队建设，完善与发改、人社、税务、商务、市场监管等重要营商服务部门的协同处置机制，搭建营商服务平台，跟踪了解人才引进、企业落地、投资项目、企业诉求等关键指标的变化趋势，深挖优化营商环境潜力。其中，海口分平台与市投促局、市营商专班联合建立"3 + N"重点招商企业政务服务工作机制，为企业提供政策解答、服务直通的一站式服务；联合人才发展局、人社局等部门创新推出"12345 + 人才服务"机制，在海口 12345 公众号上开设"海口招聘"专栏，做好人才和企业服务的"保姆"。

三亚分平台以突破制约营商环境优化关键瓶颈为重点，以市场主体肯定为标准，不断提升服务水平。三亚将热线直通联办作为为群众和市场主体排忧解难的重要平台，充分发挥了热线融合营商环境优化等工作考核的"指挥棒"作用；利用"热线 + 督查 + 制度"三位一体的机制，对久拖不决、互相推诿的工单实行专项督办，对历史难题加强联合督查；以热线畅通政企沟通渠道，实行分类、分级办理制度，形成快速响应机制；推动解决企业诉求，拓宽涉企诉求服务渠道，构建"政府监督 +12345 监督 + 媒体监督 + 社会监督"四位一体联合督办体系。此外，该平台由热线办领导带队赴企，主动走进市场主体，助力企业排忧解难，设立营商环境外商咨询通道，以多语种服务帮助外商投资企业克服语言障碍。

儋州市委、市政府依托 12345 热线，聚焦企业反映的建设项目评估评审耗时长、环节多、盖章多等问题，实行投资项目节能审查、环境影响评价、排污许可、安全条件审查等四个事项"四评合一"，使企业投资项目审批环节减少、材料减少、工作日审批时长减少，使投资项目落地效率得到极大提升。同时，儋州 12345 热线也为市内 84 家重点企业配备一对一服务专员，及时为企业纾困解难。

海南生态软件园区通过 12345 热线反映园区距离县政务服务大厅较远，企业办事困难。园区所在地的澄迈分平台，将此类工单整理分析形成建议报告报县政务服务中心，并会同生态软件园区管理部门座谈研究，在园区所在地建立了涵盖县级、开发区、镇级三级政务服务事项"三位一体"的政务服务大厅，方便了园区企业就近办事。目前，园区已吸引国内行业头部企业等超 1.2 万家，形成了区块链等数字技术的集聚。2021 年，园区收入近 2000 亿元，税收超过 100 亿元，同比增长 164.6%。

乐东分平台将营商环境问题纳入每月通报，建立"急事即办"的工作机制，开通营商环境专享通道，创建企业咨询问题有人答疑、办事需求有人满足、投诉求助有人解决的"一站式"服务机制，成功解决了投诉人依法竞得土地后无法办理过户登记和建设申报手续等诉求问题。

陵水黎安国际教育创新试验区由教育部和海南省共建，规划范围 12.72 平方公里，是推动"海南国际教育创新岛"建设的重要平台。为高质高效解决园区学校及学生反映的各类问题，营造最优学习环境，实现"学在海南＝留学国外"的愿景，陵水分平台探索出"3＋3"服务机制来推动诉求解决与园区管理，为试验区打造中国教育开放发展新标杆、新高地发挥了重要作用。第一个"3"具体指清单分类高效接办、资源整合一通多办、服务前移未诉先办"三大基准器"，第二个"3"具体指专班专人统筹协调、平台整合数字赋能、客服专员针对导服"三大加速器"。

屯昌分平台创新服务模式，在全省首推"企铃通"企业服务专席建设工作，通过 24 小时全天候受理企业政策咨询与办事诉求、首批专家库提供"专家门诊式"的政策咨询和办事指引、在线联动解答、涉企诉求统一设置

"企铃通"标签并全程跟踪督办等措施,为企业提供"点对点""辅导式"咨询服务。同时将诉求内容和答复结果录入知识库,形成动态积累、持续利用涉企诉求数据资源,增强多元化服务能力,拓宽优化营商环境新思路。

数据显示,自 2021 年 6 月 30 日营商环境问题受理平台开通以来,共收到问题线索 9613 件,主要涉及欠款和政策兑现类、土地规划类及市场准入类问题。营商专班指示经由 12345 渠道办理 3795 件,主要涉及业主产权证办理及消费纠纷等民生类问题。热线与营商环境的融合,使企业和群众反映问题的渠道更加畅通,政务服务更加精准。

三 步履不停服务优化营商环境

自《海南自由贸易港建设总体方案》发布实施以来,海南坚决贯彻落实习近平总书记关于海南工作系列重要讲话和重要指示批示精神,按照党中央、国务院工作部署,逐步构建高位推动的营商环境工作格局,推动营商环境持续优化、迭代升级。海南 12345 热线更是紧跟步伐,充分发挥平台功能优势,提高服务水平,助力优化营商环境。

(一)建立健全热线运行体系,夯实工作基础

为进一步优化平台功能,营造良好营商环境,12345 热线结合海南直管市县实际,实行话务下沉、模式创新、流程再造。2019 年,12345 热线将原有"1+3"的运行模式,调整为"1+19"的运行模式。此次省平台、市县分平台和省直单位子平台体系建设,在海南 12345 热线发展史上具有十分重要的里程碑意义。它不仅标志着海南省以电话为媒介的民生互动模式的开启,而且夯实了热线融合营商环境的工作基础。

2020 年,《国务院办公厅关于进一步优化地方政务服务便民热线的指导意见》(国办发〔2020〕53 号)要求热线整合后,海南 12345 热线已经建成了横向包含 77 家省直热线成员单位(子平台),纵向覆盖全省 19 个市县(分平台)的"省—市(县)—区—镇(乡)—村"的多级诉求处

置体系，各类工单统一在全省通用的热线系统上流转，实现了"一地接入、全省通办"。海南12345热线横纵网格的完善，既能广泛听取社会各界关于营商环境的意见和建议，又能有效收集企业和群众反映的焦点、难点、堵点问题，确保了热线效能发挥和诉求落地解决。

在助力优化营商环境的工作中，海南十分注重发挥省级宏观管理、统筹协调、决策参考、监督检查、数据应用的作用。根据海南省领导关于"前台受理"和"后台办理"衔接问题的批示要求，12345热线以"前台受理"接通及时性、"办结归档"全流程环节规范性、"后台办理"限时办结的及时性、解决问题的有效性、满意率等五大任务措施为抓手，对热线前台及后台承办工作强化管理，倒逼市县和承办单位主动增强服务意识，提升营商环境工作水平。

（二）以整合归并为契机，加强营商环境信息共享

2021年，对照《国务院办公厅关于进一步优化地方政务服务便民热线的指导意见》（国办发〔2020〕53号）归并清单任务，海南推进整合了全球招商400-841-3413等热线，不仅完成了国办的规定任务，还结合海南热线运行实际，进一步整合各类政务服务热线共计51条，建成了全省统一、一号对外的"自贸港"政务服务"总客服"。

围绕"总客服"定位，海南积极拓宽受理渠道，在以语音话务为主的基础上，继续开放微信、网站等多媒体诉求反馈渠道，将热线诉求提交入口接入全省各级政府部门"我要咨询或投诉"模块、海南省网上督查室社会线索征集平台、海南省营商环境问题受理平台、海南省一体化在线政务服务平台等，并适时将热线有关数据推送至省政府领导视窗。统一入口后，基本实现了全省企业和群众诉求的统一归集和统一处置，为营商环境信息共享夯实了工作基础。

为了更好地让12345热线服务营商环境，海南按照已经制定的《热线数据交换标准规范》，积极推进与政府各部门的系统对接。目前已完成国家税务总局系统、政务服务"好差评"系统、政务一体化平台等系统数据共享对接。海南将打造数据融合的统一便民服务账户体系作为重点，推进

公众号、热线系统及政务服务应用的个人与机构账户互通互认，强调全量数据实时归集、交换、共享和存储，为部门配合发挥热线效能作用。例如，12345 热线联动省商务厅，归并"95198"国际贸易单一窗口热线，设立专席，7×24 小时在线响应企业需求，及时收集梳理高频问题等信息，为企业纾困解难。

（三）建立"自贸港智库"，强化热线基础支撑

为解决政府各部门存在的政策资源分散、企业和群众咨询多头等问题，海南全面提升热线智能化水平，不断完善知识库建设，逐步形成收录约 3 万条知识信息的庞大知识库。2021 年，在热线平台系统升级改造项目及智能语音试点的基础上，逐步探索建立结构化"自贸港智库"。2021 年 7 月，海南省委深改办牵头印发《关于建立完善海南 12345 热线知识库动态更新机制和开展政策培训的通知》，要求各承办单位与部门及时录入政策信息，提高录入质量，健全动态更新机制。2022 年，海南又按照"零跑动"改革工作要求，建立政务服务事项专题知识库，目前已收录 48 家单位的 3385 条政务服务事项知识信息。

（四）聚焦营商环境领域重点改革政策落实

2023 年 2 月，海南省委优化营商环境领导小组办公室印发《海南省"厅局长走流程、促营商环境提升"工作方案》，在全省范围开展厅局长窗口体验、12345 接线、跟踪执法等多项"走流程"活动，着力解决企业和群众反映强烈的办事过程中遇到的服务流程不通不优、政策指南不明不细、服务体验不好不顺等问题。海南 12345 热线配合省营商环境建设厅起草工作方案，迅速完成省市两级热线厅局长专席系统配置。自 2023 年 3 月起，已有海南省商务厅、省市监局、省公安厅等 16 家单位及其对应市县部门领导走进热线话务现场，听民声，解民忧，共受理 1787 件诉求，现场直接办结 1093 件。

为贯彻落实省领导重要指示精神及工作部署，保障自贸港政策落地实施，海南省营商环境建设厅联合海南省商务厅在热线平台设立离岛免税异常数据快处专席，保障优化海南离岛免税政策提货方式的落地实施。通过

厘清专席受理范围，明确专席工作各环节服务规范和操作流程，全省各平台开展全覆盖培训以及知识库录入等工作。2023 年 4 月 1 日，专席正式运行，开始执行 7×24 小时工作制，并对外提供服务。

（五）标准化赋能营商环境优化

海南重视热线的标准化工作，率先制定了省域首个《热线运行管理规则》和首个全省统一的《12345 政务服务便民热线诉求分类规范》，并制定了《热线数据交换标准规范》，形成统一的《热线呼叫中心建设标准》，实现热线全省统一管理、统一标准、统一号码、统一名称、统一标识。2021 年，海南省 12345 管理中心获邀参加"青岛国际标准化大会"，分享热线标准化工作经验。2021 年至 2022 年，"2+3"海南热线标准工作案例连续荣获全国标准化支撑政府数字化转型评估"典型案例 50 强"。2022年，海南起草发布首个 12345 热线诉求分类省级地方标准——《12345 政务服务便民热线诉求分类规范》，并于 7 月 31 日正式实施。同年参与起草的 12345 热线第三方评估团体标准——《12345 政务服务便民热线第三方评估通则》也于 2022 年 9 月 1 日起正式实施。目前，海南 12345 热线建设标准和业务标准的"2+3"标准体系正在不断完善。2023 年 5 月 23 日，国家标准委发布了第九批国家社会管理和公共服务综合标准化试点项目，海南 12345 管理中心申报的热线标准化试点项目位列其中，这是海南唯一入选的第九批国家社会管理和公共服务综合标准化试点项目，也是全国唯一的省级热线标准化项目。

四　思考与展望

12345 热线如何更好地赋能营商环境优化？从海南的工作实践来看，有以下几点思考。

第一，探索将海南"直通联办+网格化机制"的热线工作模式，多角度、多维度地融合营商环境优化工作，提高服务企业的响应率、问题的解决率和满意率。以"提速、增效、贴心、便企"为目标为企业排忧解难，力争做到"事事有回应、件件有着落"，在提高企业和群众对政府的信任度、满意度方面再发力、再提速。

第二，建立营商环境服务专席队伍，强化业务培训，提升服务水平。使话务员在面对市场主体诉求时能够快速分析、准确把握、及时回复，进一步减少在线处理时长。

第三，利用热线归集数据功能，强化数据统计研判分析。要充分运用贯通热线"自上而下"的管理机制与承办单位"自下而上"的反馈机制，及时对营商环境问题中的高频诉求事项进行分析、研判、预警，对企业分类"画像"，做到敏感舆情和热点诉求预防在先、解决在早、化解在小。通过标签管理模块、统计分析模块、企业诉求数据分析模型，开展周期性数据分析，让热线成为切实反映营商环境问题的晴雨表。

第四，以12345热线考评为抓手，进一步完善热线融合营商环境工作机制。完善热线系统平台建设，不断提升企业诉求响应率、问题解决率和满意率。发挥各级政府热线领导小组工作机制的优势，通过"接诉即办 + 未诉先办"的数据治理机制，推动解决跨部门、跨地区、跨层级、跨领域的突出问题。

第五，加强日常监测，定期开展热线服务质量评估。围绕系统建设、运行管理、制度规范、服务效能等方面，对平台的功能合理性、响应及时性、礼仪和表达规范性、解答主动性、派分准确性、解决有效性进行测评，切实提高热线服务水平。

第六，建设高标准的自贸港政策"智库"。一是组建政策专员团队，集中全省各级政府部门的政策解读人才，让他们作为政策专员共同参与"智库"建设。二是建立专业知识库信息维护团队，统筹指导全省各级平台知识库的更新维护工作，做好"智库"建设的框架搭建、信息审核、沟通协调。

第七，完善高位推动、协调会商的工作机制，确保重点难点问题及时得到解决。充分发挥营商环境领导小组和热线领导小组机制的作用，推动跨部门、跨层级、跨领域突出问题研究。

数字驱动效能提升·改革推动机制创新

——辽宁省 12345 热线回答"人民之问""时代之问"

苟福良[*]

1983 年，辽宁省沈阳市开通了市长热线，是全国范围内较早设立政务热线的城市之一，成为全国政务热线近 40 年来发展的起点。2004 年，辽宁省纪委开通了民心网平台，通过网络渠道受理群众反映的行业不正之风、政务公开、软环境建设等问题，探索建立了"互联网＋监察"的诉求办理平台。2018 年 4 月，辽宁省政府通过整合民心网、市长热线等 982 个诉求受理渠道，建设了以"8890"为呼号的政务热线，实现了网络与热线的有机整合。2021 年，辽宁省按照国办的要求和部署，将原有的"8890"平台升级为 12345 政务服务便民热线（以下简称 12345 热线）平台。近年来，辽宁 12345 热线先后荣获"2021 年度人民网网上群众工作民心汇聚单位""中国地方政府创新奖""社会治理创新最佳案例""优化营商环境典型案例（十佳）"等；在 2023 年全国政务热线服务质量评估中，被评为 A＋等级单位；辽宁省 12345 热线千兆光网应用创新项目荣获 2023 年工信部第二届"光华杯"千兆光网应用创新大赛数字政府专题赛一等奖；在沈阳市召开的 2023 数字营商环境改革创新发展峰会暨中国政务热线 40 周年发展大会上，辽宁省被评定为"2023 政务热线省域发展借鉴样本"；2023 年 10 月 9 日，由辽宁省营商局自主开发，全国首个政府机关主体登记的政务服务效能监察平台（12345 热线效能监察系统为平台四大功能之一），被国家版权局正式授予软件著作权证书。

---

* 苟福良，辽宁省营商环境建设局企业服务处处长。

辽宁12345热线在省委、省政府的支持指导下，积极贯彻落实习近平总书记关于优化营商环境的重要讲话精神，不断创新探索，提升服务效能。通过打造省域热线发展"总枢纽"，实现了省市热线联动一体化发展和服务水平的整体性提升，有效推动了省域治理体系和治理能力的现代化，逐步走出了一条具有时代特征、彰显辽宁特色的热线发展之路。治理成果主要体现在以下五个方面：党建引领、优化升级、平台建设、数据赋能、创新机制。

一　坚持党建引领，强化政务热线政治功能

政务热线诉求办理工作受到辽宁省各级党委、政府的高度重视。第一，辽宁省委组织部、纪检监察等部门发挥了组织、监督、考核等突出引领作用，赋能赋权热线平台，最大限度地凝聚了党建引领社会治理工作的合力。纪委监委依托热线平台开发了线上监督系统，实现了群众不满意件、长期未办结件等数据的共享，并通过移交机制实现了提级办理；第二，热线与全省政法系统共63家单位实现了联网对接，[①] 实现了法治化营商环境诉求和维稳涉法诉求数据的共享；第三，辽宁省委组织部将智慧党建与热线平台进行融合，将热线平台升级为各级党委服务群众和推进基层治理的综合平台；第四，省委宣传部发动省市主流新闻媒体对政务热线开展常态化的宣传报道，对宣传诉求办理经验做法和典型案例给予了大力支持。

此外，党员干部也发挥了重要的支撑作用。目前各地区通过热线平台登记注册的社区网格员共有17万名，已与3万家政府部门和企事业单位实现联网，超过22万名党员坚守在服务一线，实现了诉求问题的精准派送。另外，平台组织各行业各部门近2600名党员干部和专家做客热线平台，现场接听群众来电，累计解答疑难诉求问题8000余次，密切了党群干

---

① 本文数据均由作者所在单位提供。

群关系。同时，组织全省承办单位的21000余名基层党员，针对平台服务功能、工作流程、制度建设等内容开展线上线下相结合的集中培训；针对重大政策调整如疫情防控、系统升级改造等重要任务，开展专项专题培训，以充分发挥党员的示范引领和骨干作用。

二　全面优化升级，推动热线服务提质增效

2021年以来，辽宁省12345热线已陆续升级上线智能语音文本、智能工单、智能回访等11项智能化功能。2022年，热线平台进行了全面的升级改造，围绕诉求方、运营方、承办方、监管方四大参与主体的实际需求，按照受理、分转、办理、反馈等八大环节，运用智能化技术实现全流程优化升级。平台升级后，热线接通率、办结率、满意率等各项指标均有明显的提升，为提升热线服务质效提供了技术保障。2023年，辽宁12345热线升级建设了效能监察指挥调度平台，包括运行监测、指挥调度、分析预警、万件清理、政企直通车、综合管理等六大功能，设置了16个模块和400余项分析指标，实现了话务及诉求整体监测、指挥调度与分析预警全流程闭环与穿透式监管，强化了数据辅助决策能力。

三　推动平台建设，坚持高质量发展取得显著成效

第一，实现"一个平台"管理。辽宁省12345热线由省总平台以及15个地市分平台、3个分中心构成，省平台立足宏观管理、统筹协调、决策参考、监督检查、数据分析5项职能对各个地区的分平台以及分中心进行业务指导。

第二，实现"一个体系"运行。按照省统筹、市调度、县承接、乡街落地的原则，在全省构建了横联56个行业部门、1100余个公共服务企事业单位，纵贯省、市、县、乡、村五级的网格工作体系。同时，通过探索

"12345 + 网格"融合工作机制，逐步将工作延伸至社区网格员。

第三，实现"一个流程"受理。建立了覆盖受理、分转、办理等八个环节的全流程闭环管理制度，通过"好差评"功能对受理端实行话务服务"一事一评"，同时对办理端实行办理结果"一次一评"。通过"短信 + 智能回访"，实现承办单位和省市平台对回访工作管理的"双闭环"，确保企业群众诉求件有着落，意见建议能够真正落实。

第四，实现"一套机制"规范。2022 年，辽宁省政府印发了《12345政务服务便民热线管理办法》（辽政办〔2022〕26 号），并配套出台了企业诉求办理实施细则、群众诉求办理实施细则、考核评价细则、数据安全管理细则、热线管理与服务规范及知识库管理工作规则，形成了独具特色的"1 + 6"制度体系。

第五，实现"一套数据"分析。通过建立全省 12345 数据中台与各部门各地区分平台、国家交办平台的数据对接实现对 15 个地区、116 个县区、3 万个承办单位受理情况、办理情况、评价情况的一屏统揽。同时将省平台的 173 万条数据向各地区、各领域回流，共享省平台大数据以及知识库资源。另外，通过智能判重去重有效减轻基层重复调查的负担，增强了通过数据发现问题、分析问题、解决问题的能力。

四 强化数据赋能，构建社会治理智慧大脑

一是数据采集标准化。在受理环节设立 177 个定制化工单，及时采集问题核心要素；在办理环节设置录入办理人员信息、调查过程还会确认诉求信息等要素；对重点问题设立 42 种需要标记的关键词，将每条诉求在系统内流转的过程转变为数据信息标准化采集和沉淀的过程。

二是数据分类颗粒化。编制省 12345 热线平台交办事项清单目录，明确行业领域、问题类型、问题表现、问题权责四级分类标准，以实现智能分类、智能派单等智能化应用。

三是考核指标全面量化。在话务服务环节设立接通率、好评率等 6 项

核心指标，对承办单位设立按时反馈率、有效回访率等 7 项核心指标，对每个诉求件设立 5 星评价机制，以确保考核指标的科学性。

四是建立数据管理台账。热线为全省的 3 万个承办单位以及 3.2 万名承办人员建立了动态的电子台账，对办理数量、效率、质量进行全面、量化的管理。同时，还建立了还利于民、公益投入、人员处理、源头治理等台账，实现数据有源、有据、可查。

五是运用数据分析画像。通过构建大数据分析应用，将分散在各行业、各领域的数据资源进行系统整合。针对重点人物、重点事件、重点单位、重点领域四个方面共计 88 个维度开展数据分析画像。精准画像分析，为舆情分析、应急处置、区域治理提供了决策参考和科学预判，为各级党委、政府实施数据治理提供了支撑，逐步实现了由数据管理向数据治理的转变。

五　创新机制，形成基层治理全新格局

热线坚持把社情民意收集好、把群众诉求解决好、把社会矛盾消除在萌芽状态的基本原则，积极探索 12345 平台与社区网格化平台的融合工作。辽宁省通过渠道融合，建立了"被动受理＋主动发现"的问题发现机制；通过工作体系融合，建立了省、市、县、乡、社区、网格员六级联动的问题解决机制；通过运行机制融合，建立了"一键直达＋提级办理"的矛盾化解机制；通过数据管理融合，建立了"接诉即办＋未诉先办"的数据治理机制，形成了辽宁省"12345＋社区网格＋基层社会治理"的新模式。

（一）诉求早发现

其一，受理"全渠道"，第一时间收集问题。12345 热线在辽宁政务服务网、辽视通 APP 开通了统一的咨询投诉窗口，并对接国务院"互联网＋督查"、人民网留言板以及省长信箱等多个国家级和省级网民留言办理平台。同时，将热线、网络、微信、APP 等所有渠道的全口径诉求数据统一纳入热线平台进行集中处理，实现归口化、集中化管理，充分发挥企业和群众诉求主入口作用。

其二，全民"随手拍"，第一时间发现问题。形成"人人都是网格员"的理念，通过数据定位技术，将群众在随手拍反映的问题一键派发至对应的社区网格员，形成社会参与、群策群力、多元共享的社会治理格局。

其三，政企"直通车"，第一时间获取需求。依托热线平台开通政企"直通车"功能，推动服务企业的项目管家利用平台信息资源为企业提供线上政策咨询、助企纾困、审批等服务。同时，将项目管家的队伍拓展至中小微企业和个体工商户，体现了辽宁省12345热线服务营商环境的鲜明特色。

（二）矛盾早解决

其一，咨询问题"直接办"。全省统筹建设了覆盖40个行业、173万条知识信息的智能知识库，辅助话务员直接解答企业和群众咨询求助问题，让广大群众真正体会到民有所呼，我有所应。

其二，一般问题"马上办"。通过"12345＋网格"、供热供电"直通车"等，将涉及公共服务、城市建设、社会保障等民生领域的诉求，一键派达街道、社区和责任单位。

其三，重点问题"提级办"。对于企业和群众反映的疑难问题，社区网格以及基层单位可以通过热线平台进行提级办理，由省、市、县（区）平台，主管部门进行跟踪督办。

其四，应急问题"联合办"。对于可能引发社会风险的诉求、群体性诉求、爆发性舆情和各类灾情险情，热线与公安、卫健、应急等有关部门建立了联动机制，及时预警联动处置。

（三）问题早治理

其一，动态监测预警，防患于未然。利用智能化技术，对各渠道全量受理数据进行实时采集，每日抓取高频核心词，分析变化情况。通过智能分析，对可能产生的社会不良影响进行先行介入，进而能在超出舆情事件风险阈值时迅速地向责任单位和地区进行风险预警。

其二，"小切口"破题，实现"未诉先办"。各级党委、政府通过群众诉求的小切口，发现社会治理大问题，以点带面地推动群众诉求的源头治理、苗头预防。

民生问题无小事，民生服务无止境，辽宁省12345热线未来将持续践行"以人民为中心"的理念，持之以恒在服务效能集约化、受理渠道多样化、诉求办理高效化上下功夫，为全面提升社会治理体系和治理能力现代化水平贡献力量。

谱写"五服务"唐山热线新篇章

张宝良[*]

协同能力是指协调两个或两个以上的不同资源或个体，协同一致地完成某一目标的过程或能力。对热线而言，协同能力就是要协调各地各单位，既要解决群众反映的具体问题，又要举一反三地解决群众反映的同类问题，还要通过建立长效机制避免同类问题再次发生。基于此，唐山市树立大协同、大服务的理念，围绕服务群众、服务企业、服务领导决策、服务基层、服务员工，谱写"五服务"唐山热线新篇章，创建"热线＋督查＋纠风＋网格"的唐山热线品牌，有效推进了市域社会治理现代化。

一 唐山政务热线的基本情况

唐山政务服务便民热线（以下简称热线）经历了四个发展阶段，基本上每十年一个阶段。

第一阶段是起步阶段（1989年到1999年）。1989年唐山市市长公开电话正式设立，最初设置在市政府办公室城管科，号码为21010，仅有一间办公室、一部电话，由一名值班员受理群众诉求。

第二阶段是探索阶段（1999年到2009年）。1999年市政府督查室接手了市长公开电话，升级为全国统一电话号码12345，电话逐步增加到7部，高峰时期的话务人员有12人。[①]

---

[*] 张宝良，唐山市委、市政府督查专员、三级调研员。

① 本文数据均由作者所在单位提供。

第三阶段是相对成熟阶段（2009 年到 2021 年）。2009 年唐山市政府成立了电子政务办公室，并接手了市长公开电话，话务员增加到 30 人，工作时间由 5×8 小时调整为 7×24 小时，并在全市 14 个县（市、区）设立了热线分中心，热线系统实现无纸化办公。

第四阶段是热线发展新阶段（2021 年至今）。2021 年 9 月初，按照市委、市政府的安排部署，由市委、市政府督查室负责 12345 热线和其他网络问政平台的整合工作。目前已整合完成与人民网留言板、问政河北、问政唐山、幸福唐山的对接，采用整体并入、双号并行、设立分中心三种方式完成了 17 条热线的归并优化。

从硬件方面，按照"决心一次下足，措施一步到位"的思路，热线中心选址唐山城发大厦写字楼第 15 层到 17 层，场地使用面积约 3000 平方米。其中，15 层为办公区，包括办公室、多功能会议室、领导接听室、减压健身室等。16 层到 17 层为话务区，共计 354 个座席，其中话务员座席 309 个，培训座席 45 个，每天可受理话务量 12000 多通。另外，在 17 层还设置了心理咨询室，引进箱庭疗法，同时为每位员工建立心理健康档案，并提供心理咨询、心理疏导、情绪调适等心理健康辅导。此外，为应对突发事件，设置了 135 张床位，能够保障工作人员的基本生活需要。

在软件方面，热线平台共有 9 个系统模块，分别是：融媒体话务系统、可视化配置的业务管理系统、培训考试系统、统一智能知识库系统、智能化应用系统、综合质检系统、舆情跟踪系统、大屏展示系统和统计分析报表系统。

在人员方面，经唐山市委编办批复，在唐山市委、市政府督查室增加了热线管理处，并增加行政编制 4 个。成立热线中心，作为督查室下属的正科级事业单位，核定事业编制 27 个。话务员采取服务外包的模式，由唐山市人才发展集团负责话务人员的管理。

在制度方面，制定了《唐山市 12345 政务服务便民热线工单办理流程》《唐山市 12345 政务服务便民热线首问负责制度》等 17 项工作制度。

二 围绕"五服务"谱写唐山热线新篇章

（一）为群众服务

为群众服务是热线工作的基本职责，唐山市制定了"接得住、交得准、督得实、考得真、问得严、办得好"的 18 个字工作目标。

为实现"接得住"，第一，增加话务人员数量。目前唐山热线话务人员 220 名，并通过科学排班、加强培训等千方百计提高接通率，目前接通率达到 98% 以上。第二，开通语音留言和对未接来电回拨两种功能。对未能及时接通的，通过语音留言和对未接来电进行回拨，确保群众诉求全部受理。第三，拓展群众诉求受理渠道。除通过热线电话接听群众的诉求之外，还开通了语音留言、未接来电回拨、人民网留言板、中国政府网留言板、问政河北、问政唐山、幸福唐山、12345 邮箱、12345 号信箱、12345 热线公众号、12345 网站、12345 热线小程序、12345 APP、手机短信以及省热线平台交办等受理渠道。同时为充分发挥网格员收集社情民意的作用，推进市域社会治理现代化，开通了网格员主动受理渠道。第四，加强知识库建设，实行知识库约稿制度。各承办单位以一问一答的形式持续更新、不断完善知识库的信息，从而提升话务员知识库储备，提升工单的直办率，目前知识库信息已有 17319 条。

为做到"交得准"，一是分清轻重缓急，明确办理时限。唐山市热线将事项分为一般事项、紧急事项和非常紧急事项三类。一般事项中，咨询类要求 2 个工作日内办结，投诉、举报、求助、建议类要求 5 个工作日内办结；对于紧急事项，将办理时限压缩到 72 小时；对于非常紧急事项，要求 24 小时内办结；对于极特殊情况，坚持马上就办。比如在 2022 年冬季疫情防控期间，针对群众就医的问题诉求，要求群众反映问题之后 15 分钟内交办，承办单位 15 分钟内签收，并且在 2 小时内办结并反馈，热线中心在 30 分钟内进行回访，通过这项措施及时解决了群众疫情期间就医难的问题，得到了群众的普遍认可。二是能做到精准交办。通过邀请县区和相关市直单位工作人员到热线中心给派遣员现场培训等方式，有效提升派遣员的业务能力，从而提高交办的准确率。

"督得实"分为日常督办和督查督办。一方面，热线中心进行日常督办，通过短信、电话、印发督办通知、现场核实、退回重办、100%回访等方式，确保群众诉求事事有着落，件件有回音。另一方面，热线管理处对市领导批示进行督查督办，制定了《唐山市12345政务服务便民热线工作领导批示办理工作办法》《热线问题挂账督办销号管理办法》。对市领导关于热线工作的批示采取印发督办通知、现场督办、召开调度会等多种方式进行督办落实，确保群众的诉求能够解决到位。

为达成"考得真"，第一，唐山市制定《唐山市12345政务服务便民热线考核办法（试行）》（以下简称《考核办法》），以"两办"名义印发。《考核办法》确定了诉求数量和办理质量两大类指标，诉求数量包括万人诉求比、热线总量和热线降量，办理质量包括接通率、响应率、重办率、回访解决率、回访满意率五项指标。在回访满意率方面，为了保障数据的真实准确，唐山市热线将满意数量作为分子，把有效评价的数量（将不满意和满意的评价总量）作为分母进行核算，对承办单位产生较大触动，激励效果明显。第二，建立月考核通报制度。充分发挥考核"指挥棒"作用，每月对承办单位考核成绩进行测算，每季度对承办单位进行通报，将国家、省驻唐单位考核结果既发本单位，又发其上级主管单位，进一步增强考核效果。第三，剔除特殊情形，确保考核真实有效。为充分发挥热线考核的"指挥棒"作用，既让各地各单位提高群众问题的办理质量，又防止别有用心的人员通过拨打热线电话给政府施压从中得到好处，唐山市制定了热线工单处置特殊情形的操作规范，规定对于重复诉求，已经进入诉讼、仲裁、公安立案、信访、纪检监察、行政复议、政府信息公开等程序或已通过上诉渠道解决的特殊诉求情形，由市热线中心审核通过后做退单处理；对于可延期情形，承办单位制定具体解决方案，市热线中心审核通过后予以延期；对于匿名件和经县级单位主要领导认定确因政策法规、城市规划、国家重点项目、重大活动、重点工作、涉及央企和军产等因素造成的、难以解决的诉求，市热线中心不再进行回访，不考核承办单位的满意率与解决率。同时，为承办单位提供了申诉渠道，确保考核结果公平、公正。

在"问得严"方面，2018年底机构改革时，唐山市合并了原来由市委办公室和市政府办公室分别分管的市委督查室和市政府督查室，成立了唐山市委市政府督查室，作为市委的工作机关，和市委组织部、市委办公室一样，同为正县级单位。在机构改革时，共设立了50个单位，其中市委工作机关15个，市委市政府督查室是其中之一，还有35个是政府工作部门。目前，唐山市纠风办也设在市委市政府督查室，市委市政府督查室主任同时兼任市纠风办主任。唐山市纠风办制定了《唐山市12345政务服务便民热线工作责任追究办法（试行）》，明确了责任追究的具体情形和标准，特别是对承办单位推诿扯皮、敷衍应付、没有实质性解决问题的，坚决做到追责问责。2023年以来，针对不按时回复群众反映的问题、回访解决率和回访满意率比较低的问题，对两名工作人员进行了诫勉谈话，对18个单位进行了约谈，并在全市进行通报，起到了警示作用。

为实现"办得好"，一是建立举一反三工作机制，明确了五个具体的工作步骤，包括选题立项、明确责任、制定方案、督查督办、总结成效。具体来说，首先是确定群众反映的什么问题需要举一反三；其次是进一步明确由哪个部门具体负责；再次是要让责任部门制定具体的工作方案，之后再进行督查督办；最后是要总结举一反三的工作成效。通过举一反三机制，既解决了群众反映的具体问题，又解决了同类问题。二是加强与110、119、122等紧急热线和水电气热等公共事业服务热线应急联动，通过三方通话和一键转接方式，实现互联互通，及时解决群众诉求。三是推进热线法制化建设。唐山市热线已被市人大列入了2024年的预备立法计划。目前，已完成"唐山市12345政务服务便民热线条例"的初稿。四是定期监测热线指标，梳理统计了50项热线指标，包括热线接通率、直办率、其他受理渠道占比、回访满意率、有效评价率等，每个月由专人负责分析各项指标的变化情况，及时发现工作中存在的问题，制定整改措施并整改到位。五是建立热线重点单位管理制度。制定了《热线重点单位管理的若干措施》，将连续两周回访解决率和回访满意率较差的单位列为热线重点单位，采取五项措施进行管理。①预警提醒，下发预警提醒通知让各重点单位自查落后原因，提出改进措施。②组织重点单位主要领导、分管领导和相关部门负责同志到热线中心现场值班，就群众反映的相关问题进行回访、现场协调解决群众反映的急难愁盼问题。③由热线中心对群众反映的重点单位的问题的解决情况进行监控。④直接去重点单位通过解剖麻雀的方式进行现场督导。⑤约谈，对于热线诉求办理质效差的单位，由市纠风办组织进行约谈。通过这五种方式对重点单位进行管理，提高了群众诉求的办理质量，解决了热线工作上热下冷的问题。六是建立典型诉求汇编制度，梳理职责不清的问题，召集市委编办、市司法局等部门会商研究解决办法，从而形成《典型诉求汇编》。通过《典型诉求汇编》引导各单位参照办理，推动同类问题的解决，提升市域社会治理能力和水平。

（二）为企业服务

第一，设置企业服务专席，建立企业家联席会议制度。唐山热线成立了营商环境专班，受理和协调解决企业和个体工商户等市场主体的诉求，并将各单位业务素质高、沟通协调能力强的业务骨干列入"企业专家库"专家人选。对于企业咨询的复杂问题，企业服务专席人员拨打企业专家手机号进行三方通话，由企业专家进行"一对一"在线解答，助力全市营商环境质量提升。同时建立了企业家联席会议制度，不定期召开企业家和市行政审批局等职能部门参加的联席会议。通过联席会议面对面收集企业家的诉求和意见建议，协调解决具体问题。第二，完善企业知识库。通过对涉企数据的分析，建立起对于诉求量大、问题比较集中的单位的约稿培训机制。邀请市行政审批局、市市场监管局、市交通运输局等职能部门到热线中心开展业务培训，提高话务员的专业知识水平。第三，进行挂账督办。营商环境专班建立涉企诉求的工作台账，安排专人，采取电话督办、发放督办通知和召开专题调度会等多种形式对企业的诉求进行督办，确保企业诉求解决到位。第四，开展专项考核。建立对涉企工单的以按时签收率、按期办结率、重办率、回访解决率和回访满意率等指标为核心的营商环境工作考评制度，每月进行通报，并将考核结果上报市营商办，作为优化营商环境考核的重要内容。第五，建立营商环境分析制度。建立定期分析报告制度，运用热线平台大数据，对涉企数据、诉求数据、涉企热点问题等进行分析汇总，在《热线周报》《热线月报》开设营商环境专栏，挖掘优化营商环境潜在问题因素，为优化营商环境决策提供依据。

（三） 为领导决策服务

唐山市成立了热线数据分析专班，建立分析报告工作机制。运用热线平台大数据对来电量、诉求分类、城市治理等领域的热点问题进行重点分析、汇总，并通过热线日报、热线周报、热线月报、热线年报、热线专报五个载体向领导报告相关的热线工作，做好领导决策的参谋助手。热线日报有九个方面的具体内容，包括领导批示、热线接通情况分析、有效诉求情况分析、各单位承办诉求情况分析、正面典型案例、当日热点问题、上期热点追踪、往期热点追踪和当天热线工作动态。在 2022 年每晚召开的全市疫情防控会上，市委书记会通报热线日报中的热点问题。同时，按照市长的要求，在供暖季时上报供暖日报，市长每天会在大会上通报全市的供暖情况。特别是在党的二十大召开期间，市委书记虽作为全国二十大代表在北京开会，但仍要求热线办每天上报热线日报，在北京做出批示之后及时传回，交给相关部门贯彻落实。热线周报共有五个方面的内容，包括有效诉求情况分析、诉求办理情况、营商环境分析、举一反三事项、各级领导关于热线的批示和调度情况。热线月报同样包括五个方面的内容，主要是有效诉求分析、人民网省委书记留言办理考核情况、人民网省长留言办理考核情况、省派工单办理考核情况和营商环境工单办理考核情况。热线年报包括四个方面的内容，主要是年度热线数据分析、县区热线数据分析、重点市直单位热线数据分析和年终热线考核情况。热线专报主要是呈报市领导关于热线批示的办理情况和举一反三工作的落实情况。此外，根据每个市领导的分管领域，市热线办根据领导需要出具定向分析报告，为领导决策和管理提供有效参考。对上报的热线情况，市委书记、市长每期必看，每期必批。据统计，2023 年共获得市领导批示 1339 次，其中市委书记批示 339 次，市长批示 553 次，其他市领导批示 447 次。

（四） 为基层服务

一是为承办单位提供热线数据分析报告。为各县区、市直单位、乡镇/街道，特别是对考核排名靠后的单位及热线重点单位，有针对性地出具数据分析报告，帮助提高热线办理质量，2023 年 1 月至 2024 年 3 月已出具 174 份定制化的分析报告。二是为相关部门提供工单数据。根据纪委、巡察、公安、市委办、市政府办等相关部门工作需求，为其提供专项工单数据，目前已提供 514 份。三是开展基层"大调研"活动。主动到基层去，面对面交流沟通，及时了解、掌握承办单位办理群众诉求存在的难点问题和对热线工作的意见和建议，截至目前，共组织 145 场调研交流座谈会，得到了基层单位的高度认可。四是搭建四级热线组织架构。目前热线系统已实现市、县、乡、村四级组织架构，方便工单办理，提高工作效率。目前开通了 6188 个村居账号，群众诉求可全部通过热线系统交办至村级，极大地提高了工单处置效率。

（五） 为员工服务

热线工作对话务员的要求很高，要求话务员既要熟悉各部门的工作职责、掌握业务知识，又要疏导群众的情绪。为此，热线加大了对员工的服务力度。一是坚持党建引领，充分发挥热线中心团支部和党支部的作用，通过组织党团活动，丰富员工生活，为员工营造生动活泼的文化氛围，增强工作和生活的幸福感。二是关注员工的身心健康，充分发挥减压室、心理咨询室的作用，疏导员工情绪，提升其幸福指数。三是打造个性化工位，为每名员工固定工位，员工可在工位上展示个人的照片和座右铭标语等，展现积极向上的精神风貌，增强团队的归属感和凝聚力。四是开展优秀员工评比活动，选拔优秀员工与优秀团队，激发员工的创造力，增强团队合力。五是提供学习平台，开展集体学习活动，加强理论学习和业务知识培训，2022 年 11 月组织了 14 名骨干参加工信部举办的客服联络咨询师培训，他们全部以优异成绩获得证书；通过线上、线下多形式授课加强岗位技能学习，邀请重点部门开展专题培训，全方位提升工作人员知识储备与实践能力。

三 下一步工作展望

目前，唐山市的热线工作虽然取得了一定的成绩，但是仍然存在热线办理流程不够规范、市域社会综合治理有待协同推进、群众热线知晓率不高等问题。下一步将重点围绕"五个转变"稳步推进热线工作。

一是由日常服务向围绕中心服务转变。做到市委、市政府的中心工作部署到哪里，热线工作就跟进到哪里。围绕中心工作主动为市领导有针对性地提供群众和企业诉求情况分析报告，真正架起党委、政府和群众、企业的"连心桥"。二是由电话受理向网络受理转变。重点是做大做强热线APP，增加共享单车扫码、10元洗车、旅游服务等便民服务功能，并加大宣传力度，从而增加网络渠道受理数量，节约人工成本，减轻财政压力。三是由规范化向标准化、法治化转变。会同市市场监督管理局开展热线全流程标准化建设，制定唐山地方热线标准；会同市人大制定"唐山市12345政务服务便民热线条例"。四是由被动受理向主动发现转变。深入研究如何充分发挥网格员作用，制定专项方案，把矛盾纠纷化解在基层、化解在萌芽状态。五是由数字化向智能化转变。目前唐山热线已经实现数字化和简单智能化，下一步将重点从智能知识库、智能派单等方面对热线平台进行智能化升级改造，提高热线办理质量和效率。

总体而言，唐山市政务服务便民热线围绕服务群众、服务企业、服务领导、服务基层、服务员工，谱写"五服务"唐山热线新篇章，创建"热线＋督查＋纠风＋网格"唐山热线品牌，汇集了全市各地各单位的力量，提高了唐山市政务服务便民热线的协同能力。

小热线服务大民生，助力雄安新区高质量发展

——热线助力优化营商环境的经验

李月冰[*]

设立雄安新区，是以习近平同志为核心的党中央做出的一项重大的历史性战略决策，是继设立深圳经济特区和上海浦东新区之后又一有关设立具有全国意义的新区的安排，是千年大计、国家大事。可以说雄安无小事，事事连政治。雄安政务服务便民热线的服务水平事关高标准高质量建设雄安新区，事关打造妙不可言、心向往之的典范城市的尝试。为此，雄安新区坚持以党的二十大精神为引领，深刻把握以人民为中心的发展思想。雄安 12345 政务服务便民热线即接即办、一办到底，让群众真切地感受到在雄安新区生活、工作有获得感。同时，雄安 12345 政务服务便民热线以推动京津冀和雄安一体化建设为导向，努力打造服务贴心、办事放心、群众开心、企业安心、社会暖心的雄安热线场景，努力当好承接北京非首都功能疏解和新区大规模建设的"总客服"。

雄安新区 12345 政务服务便民热线自 2021 年成立以来，共接通 57.02 万个电话，接通率为 98.10%；为 47 万多名群众解决了 56 万多项诉求，总体满意率为 99.40%。[①] 河北省 12345 政务服务热线联席会议为此专门给雄安新区管委会来信，高度认可雄安新区 12345 政务服务便民热线"马上就办、真抓实干"的工作作风和"听民声、解民忧"的服务质效。总结雄安新区 12345 政务服务便民热线成立以来的工作，可以从雄安速度、党建引领、优化营商环境三方面入手。

---

[*] 李月冰，河北雄安新区政务服务中心副主任。

① 本文数据均由作者所在单位提供。

一 用雄安速度，开启雄安12345政务服务便民热线新征程

雄安新区政务服务中心在零基础上起步创建12345政务服务便民热线，仅用三个月时间就取得了从无到有、"一号对外"的成果。

一是强化组织领导，做好顶层设计。2021年12月，雄安新区成立了以雄安新区党工委副书记、管委会常务副主任为组长的12345政务服务便民热线领导小组。领导小组主要负责热线工作的顶层设计，统筹整体推进和督导落实；领导小组下面设有办公室，开始推进12345工作的筹建和构建工作。同时，雄安新区构建起了1109个单位组成的12345政务服务便民热线的工作体系，为雄安12345工作开展打下了坚实的基础。此外，针对雄安新区的实际情况，新区政府先后印发了《雄安新区12345政务服务便民热线管理办法》《雄安新区12345政务服务便民热线承办主体认定办法》等20余项制度，以制度化促进规范化，为热线建设工作提供政策保障，有力地推动了热线工作跨越式发展。

二是坚持"一号受理"，提高联动水平。雄安新区在热线成立之初就迅速开展各领域便民服务热线的整合归并工作，无论是开通还是尚未开通的热线，统统归到12345一条热线，实现了一个号码服务百姓、全年365天24小时服务。同时，雄安热线与110、119、120等紧急热线实行联动，建立了紧急问题即时办的协同机制；与12368司法服务热线、12309检察服务热线对接联动，畅通了群众解决法律问题、诉讼监督问题的渠道；与河北省12345政务服务便民热线对接，实现了热线运行指标实时展示与热点动态分析，让热线数据更加准确地服务于社会治理。

三是推进协同办理，解决民生实事诉求。雄安新区政务服务中心已经建立了重点难点问题协调处办机制。针对需要跨部门解决的复杂问题、边界问题、交叉问题，定期会同新区纪工委、党群工作部开展疑难问题联合认定。雄安新区是大部制，部门与部门之间的边界问题、交叉问题经常是

在边工作中边解决、边实践中边解决。针对在工单处理过程中遇到的没办法解决的边界问题、交叉问题，雄安新区制定了《雄安新区责任主体认定办法》，使有关疑难工单的责任主体认定标准更加明晰，很好地解决了600多项疑难工单问题。例如，针对道路问题、社区公园的管理问题、施工工地的噪声问题，通过多部门的联合认定最终都得到圆满解决。雄安热线的协同办理确保了群众诉求事事有人办、件件有答复，充分体现了热线工作在社会治理和社会稳定方面的独特价值。

二 坚持党建引领，高效构建雄安新区服务热线体系

坚持党建引领、服务百姓，雄安新区政务服务中心构建了由新区党工委领导、政府负责、乡镇和部门落实、社区响应的四级热线服务体系。在党建引领之下，雄安新区政务服务中心找好服务精准度、服务透明度、服务便捷度和服务前瞻性四个发力点，实现主动为群众办实事、解难题。

一是要化解、疏解需求，提升服务精准度。工作紧紧围绕承接北京非首都功能，牵住"牛鼻子"，紧密对接疏解单位和疏解人员。雄安新区政务服务中心多次走进疏解企业，召开企业座谈会，发放产业人才政策汇编材料；主动对接企业、服务企业，第一时间为疏解企业和疏解人员答疑解惑。同时，雄安新区政务服务中心专门设立了12345服务疏解专线，采用"一键转接、三方通话"的方式，以12345一号对外提供一站式咨询服务，直接解答疏解企业与疏解人员的问题，助力疏解项目落地。目前，雄安新区政务服务便民热线在"为疏解企业和疏解人员解答各类问题"上和"办实事服务"上已经收到了许多的好评和反馈。

二是聚焦民生需求，提升服务透明度。紧密结合"我为群众办实事"和解放思想大讨论等活动，雄安新区政务服务中心开展了领导接待日等活动，充分发挥12345政务服务便民热线的"连心桥"作用。2023年以来，先后有多位部门领导走进热线话务现场与群众零距离沟通交流，以实际行动践行群众路线。同时，雄安新区政务服务中心畅通电话受理渠道，通过

"工作大比武""服务之星"等评选活动，大幅度提高了接通率。针对热点诉求建立民生问题清单，对创业兴业人员的子女入学问题、就医问题、疫情防控问题等进行及时解答。2021年10月至2023年6月，雄安新区政务服务便民热线累计为身边群众解答和解决问题40余万件，受到百姓广泛好评。

三是推动政务创新，提升服务便捷度。在畅通12345电话渠道的基础上，雄安新区政务服务中心积极开拓雄安政务服务网、政通雄安APP和小程序等网络渠道，实现群众诉求网上可受理、可查询、可评价和网上办、指尖办。此外，线上与线下相结合，配套建立群众诉求现场受理渠道，在各级政务大厅设立实体信箱，定期征求群众和企业的意见与建议。雄安新区用政务创新吹响服务行动的号角，围绕企业和群众的所思所盼，将12345工作同"政策找人，服务上门""一件事、一次办"等专项活动紧密结合，主动上门服务，将政务服务延伸至基层，打通服务群众的"最后一公里"。

四是开展未诉先办，提升服务前瞻性。雄安新区政务服务热线坚持将民生大数据作为反映新区企业和群众需求的信息基础，促进源头治理；汇总分析热线数据，加强对高频诉求、反复诉求、共性诉求的研究；注重从群众诉求中发掘苗头性、倾向性问题，形成供热、供暖、安全生产极端天气等专项分析报告，为新区部门快速解决源头问题提供了有力的支撑。截至2023年6月，雄安新区热线累计编写日报776期、周报105期、月报25期、要情专报29期，并在工资发放、回迁安置、产业人才、疫情防控等热点问题上，为上级部门及时掌握社情提供了基础数据及分析研判。

三　以雄安新区产业人才引进咨询服务团为抓手，
持续助力优化营商环境

12345政务服务便民热线作为雄安新区产业人才引进咨询服务团的重要载体，努力在聚产业、聚人才，促疏解、促发展上下功夫，为企业提供"店小二""保姆"式服务，助力优化营商环境。截至2023年6月，咨询服务团已经为企业解答诉求5973项。雄安新区的人才引进和服务经验可以

归结为以下四点。

一是组建专业咨询服务团队，当好优化营商环境的"排头兵"。雄安新区以实现企业来得了、留得住、发展好为目标，专门成立了产业人才引进咨询服务团，坚持为企业提供专项服务、快速准确解答企业的各类问题和诉求。针对企业、医院、学校、科研所等单位将来在雄安新区发展落地等问题，及时对接雄安新区改革发展局、住房管理中心等部门，第一时间为疏解企业和疏解人员讲解有关政策，做好咨询服务，收到了疏解企业和疏解人员的好评。

二是加大走访宣传力度，激发企业"有事打热线"的热情。工作中，雄安新区政务服务中心利用雄安新区官网、"雄安发布"等主流媒体加强宣传，提升12345政务服务便民热线作为纾困的主渠道作用，增强12345政务服务便民热线在雄安新区群众中的影响力，让12345政务服务便民热线更好地为民解忧。除了线上宣传，雄安新区政务服务中心还利用线下宣传信息量大、覆盖面广的特点，在工业园区和企业集中的乡镇，在商场、超市等人流量大的区域主动宣传，发放有关政策宣传资料、解答企业问题，将便民惠企的政策送到企业、送到疏解人员家门口。例如，在雄安新区产业人才引进咨询服务团成立之初，雄安新区政务服务中心曾在雄安津海产业园组织召开企业座谈会，为疏解企业讲解落户、"雄才卡"办理等相关政策，让企业在第一时间了解雄安人才产业发展政策，为雄安的人才引进和企业发展贡献了热线力量。

三是设立产业人才座席，提升"一站式"服务水平。雄安新区各部门大力支持设立产业人才专家座席，选派优秀的骨干人员在雄安人才座席及时解答各企业疏解人员的各类问题。企业人才专题电话，从开始的几十个到目前的上百个，得到了企业和群众的高度认可。同时，雄安新区政务服务中心将一些群众和企业关注的高频事项梳理成专业的解答条目，形成知识库，及时解答企业和群众来电问题，取得了显著的效果。

四是主动对接企业，强化雄安新区产业人才引进咨询服务团的助企能力。雄安新区政务服务中心先后走访江苏商会和北京、山东等许多上市企业，并主动对接，为企业在雄安的发展提供政策解读，为引进人才提供奖励政策，得到了企业和全国各地商会的好评。下一步，雄安新区政务服务中心将按照习近平总书记提出的"以疏解北京非首都功能为'牛鼻子'推动京津冀协同发展，高起点规划、高标准建设雄安新区"的要求①，发挥好雄安新区 12345 政务服务便民热线"总客服"的作用，为疏解企业和疏解人员以及来雄安创业发展的有志之士做好应尽的服务。

---

① 《习近平：决胜全面建成小康社会 夺取新时代中国特色社会主义伟大胜利——在中国共产党第十九次全国代表大会上的报告》，https://www.gov.cn/zhuanti/2017 - 10/27/content_5234876.htm，最后访问日期：2024 年 4 月 9 日。

推动 12345 热线数智化发展 助力高水平
治理典范城市建设

金韦彤[*]

南京 12345 政务热线自 2010 年开通以来，秉承人民至上的初心使命，坚持"政务互动服务平台、社情民意数据平台"的定位，在标准化、数字化、智能化、法治化建设等方面持续发力，应用新平台打造数据智慧枢纽、应用新数据引领社会治理、应用新技术赋能共治共享，充分挖掘政务热线数据治理价值，在助力特大城市治理方面不断探索创新路径。

十多年来，南京 12345 政务热线积累了 2500 万条民声诉求，其中 2022 年服务量达到 534 万条。[①] 面对这些取之于民的数据宝藏，如何真正用之于民、赋能于民，一直是新时期热线高质量发展的重要课题。结合南京 12345 政务热线的实践探索，可以从数据感知、数据赋能、数据驱动三个维度进行回答。

一 强化数据感知，建设精准智慧的数据汇集平台

南京 12345 政务热线在 2014 年研发全市一体化综合管理平台时，找准"数据建设"这一发力点，在"全、细、准"上下功夫，对汇聚的海量数据进行治理，夯实热线数据底座。

一是数据汇集要"全"。完整的数据是数据分析和数据利用的基础。

---

* 金韦彤，南京市 12345 政务热线服务中心副主任。

① 本文数据均由作者所在单位提供。

南京 12345 政务热线以实用实效为基础，借助人工智能、大数据、云计算等先进技术推动热线系统三次迭代升级，搭建了集数据采集、归集、查询、分析、展现于一体的热线数据统计平台，实现了从单一数据到数据港的提升。

二是数据分类要"细"。面对完整而庞大的数据，以群众为导向的细致分类储存管理是数据分析利用的关键。面对新时期社会发展的新要求、群众诉求的新变化，南京 12345 政务热线坚持需求导向、问题导向，不断动态优化诉求分类，形成了 7 级 1233 个诉求归口，实现了精准汇聚民声。

三是数据感知要"准"。数据的"全"和"细"是为了最终实现数据分析的"准"。2022 年，南京 12345 政务热线研发升级的数据智能监管平台，涵盖物业管理、交通出行、生态环境等 30 多个主题分析模块，通过企业和群众诉求实时汇聚、热点难点聚焦分析、高频人群精准画像、紧急突发诉求预警预判等全融合应用场景打造，聚焦社情民意，为城市精细化治理提供了企业和群众的真实感知，实现了从基础性的数据统计平台向融合性的数据分析平台的转变。

二 强化数据赋能，建设辅助决策的数据研判平台

解决一件事，温暖一颗心；办好千万事，温暖整个城。促进市民急难愁盼问题的解决是热线真正的出发点。立足出发点，让 12345 政务热线数据真正赋能于民，需要做到深入挖掘数据信息、广泛应用数据预测、增强风险识别能力。

一是深入挖掘数据信息，做好常规性与专题数据分析。近年来，南京 12345 政务热线陆续对数据进行分析，以日报、快报、专报等形式呈现数据分析结果，并从中提取有利于资政辅政的决策信息。在专题数据分析上，12345 政务热线紧扣重点工作部署和群众关注的热点诉求，围绕中央、省市关注的疫情防控、营商环境、"一老一小"、公共交通等问题，通过分析研判治理难题的成因和空间聚焦状态，以"小切口"撬动"大变化"，

集中破解共性难题，不仅提升了热线诉求的解决率，还增强了企业和群众的获得感。南京 12345 政务热线自设立以来，已经向《南京调研》《南京快报》《南京改革》等市委、市政府内参报送如《优化旅游市场管理 提升旅游服务品质——基于 12345 政务热线数据的分析》等数据分析报告 47 篇，推动政府部门在工程项目全流程精准监管、群租房、精装修房屋质量等十个方面形成一批解决问题的制度化成果。

二是广泛应用数据预测，做好持续性的预测分析。目前，南京 12345 政务热线已经初步建立起持续性预测分析，实现对热线数据的进一步挖掘，通过舆情警报把握舆情热点等趋势，对诉求发生的规律进行快速研判，为各部门领导决策提供数据支持。新冠疫情期间，南京 12345 政务热线高度融入市疫情防控体系，全程积极回应群众诉求，坚持用数据决策，对诉求呈现的趋势进行研判与预测，以最快速度向指挥部报送诉求变化情况，数据报告成为指挥疫情防控的重要依据。2021 年，南京 12345 政务热线获评"全市抗击新冠肺炎疫情先进集体"。

三是增强风险识别能力，做好风险预警。除了热点难点问题的诉求分析，为了做到"防患于未然"，近年来南京 12345 政务热线针对收到的高频事项诉求，建立了群众高频诉求提示提醒制度，包含高频事项动态预警功能、敏感事项提醒提示功能和热点事项催办督办功能。2022 年，南京 12345 政务热线发出预警函、提示函 62 份，通过热点汇聚及时提醒承办单位快速处置、靶向治理、高效解决，从而防范出现集中性诉求。在南京 12345 政务热线积极助力文明典范城市创建过程中，落实"先解决问题再说"机制，率先与市房产局、市城管局等八部门联合开展了历时一年的物业管理等八大类突出民生问题排查专项行动，群众投诉量明显减少，综合满意率达到 96.8%。

三　强化数据驱动，建设协同共治的数据共享平台

一是坚持产学研深度融合，努力成为智慧治理的有力支撑。自 2015 年

起，南京市政务办引入南京市社科院专业团队参与热线数据分析工作，双方围绕数据可视化、跨部门数据联动、热线发展改革与创新等方面开展了一系列的合作研究，并在《群众》《新华日报》等媒体发表多篇研究文章。2021年，双方共同参与《南京市"十四五"保障和提升公共服务规划》制定，把加强顶层设计和"问需于民、问计于民"统一起来，围绕热线在"十三五"期间受理的983万条群众诉求进行分析研判，紧紧抓住群众愿望和呼声，辅助城市五年规划编制，实现需求侧和供给侧精准对接。

二是持续推进跨部门数据协同，努力成为高效治理的重要平台。2017年，南京市12345政务热线与市城管局以"违法建设"诉求彻底解决为目标开展共享合作，实时推送违法建设方面的群众诉求的数据信息至南京市违法建设动态监管系统，发挥市级主管部门监管职能，有效推动了热点诉求的高效解决。数据显示，2017～2023年，违建诉求数量和占比持续下降，排名由民生热点的第二位下降至第十四位，投诉及时解决率提升至82.2%，年度处置完毕率达到95%。

三是积极探索整体治理模式，努力成为多元共治的重要枢纽。为深入践行"人民城市人民建"理念，2022年，南京市12345政务热线与市建委合作，以12345政务热线城市建设领域每年100余万条数据作为优化城市病治理的信息来源，通过分类别分区域挖掘，梳理生成城市精细化建设项目。一条条断头路打通、一条条公交线路优化调整，真正让群众智慧在现代化城市建设中得以彰显。近几年，南京市12345政务热线向市纪委、市委政法委、市委督查室等部门提供热线民生数据及分析300余次，从而提高了城市管理效率，助力了城市软实力提升。

四　迎接时代挑战　助力建设高水平治理典范城市

展望未来，社会治理体系与治理能力现代化建设的新要求给热线带来了前所未有的机遇，南京12345政务热线将深入贯彻党中央在全党大兴调查研究之风的要求，在热线工作中贯彻党的群众路线，从群众中来、到群众中去，以"数据治理促创新升级"为重点，加强与高等院校、智库专家合作，发掘热线数据价值、完善热线服务供给体系，为提升政府治理效能、优化营商环境探索新路径、再添新动能。

一是在"准"字上下功夫，标准领航，提升数据应用精度。为贯彻落实江苏省 12345 政务热线一体化要求，南京市将不断推进数据标准化、规范化体系建设，完善态势感知体系，进一步细化分类归口，优化企业服务等专项服务场景，推动热线数据"用得更好"。

二是在"深"字上下功夫，技术赋能，拓宽辅助决策广度。提升"策源端"支撑能力，做好服务"优化营商环境""五拼五比晒五榜"等省市重点工作，强化前瞻预判机制建设，提升趋势预警防治未病的能力，以精准分析辅助政府领导科学决策，推动企业和群众诉求"办得更实"。

三是在"融"字上下功夫，互联互通，传递服务民生温度。持续凝聚多元治理主体，探索跨区域、跨部门、跨系统数据共享和一源多用的数据平台建设，全景全域感知城事民情，助力职能部门和基层靶向治理、科学决策、精准施策。积极融入"一网统管"、网格化、市域治理等社会治理大格局，力争协同共治"连得更紧"。

因地制宜 后发先至 热线助力提升
社会治理能力和水平

向龙华[*]

新疆在推进 12345 政务服务便民热线（以下简称 12345 热线）建设的过程中，广泛借鉴和吸取北京、上海、广东、浙江、江苏、山东、四川、贵州、湖北等地的先进经验，结合新疆本地实际，探索推进 12345 热线体系化建设，形成了新疆的特有模式。

为深入贯彻落实党的二十大精神，践行以人民为中心的发展理念，新疆 12345 热线立足实际，实行统一标准、两级建设的运行模式，从理顺体制、督管分离入手，多措并举深化"12345＋""接诉即办"能力提升，加强部门协同联动，精准做到对企业和群众诉求全流程监督，持续推动 12345 热线专业化、标准化建设，全面提升热线的服务质量和办事效率，助力推进政府治理体系和治理能力的现代化转型发展，为新疆建设数字政府提供有力的数据支撑。

一 理顺机制体制，提升行政协调能力

2020 年，新疆仅部分地（州、市）建立了 12345 热线，且管理部门不统一，分散在信访、城建、政务服务等部门。为贯彻落实《国务院办公厅关于进一步优化地方政务服务便民热线的指导意见》，新疆维吾尔自治区

---

* 向龙华，新疆维吾尔自治区 12345 政务服务便民热线专班负责人。

人民政府认识到，要做到、做好后发先至的新疆 12345 热线建设工作，首要任务是理顺机制体制，明确建设管理部门，优化管理架构和人员配置。

一是明确管理机构。新疆维吾尔自治区人民政府办公厅印发的《关于进一步优化政务服务便民热线的工作方案》，明确各级政务服务管理机构为 12345 热线的管理部门，降低行政协调成本，有效保障了从自治区、地（州、市）、县（市、区）、乡镇（街道）、村（社区）五级步调一致，确保政令畅通。二是增设管理科室和优化人员配置。要求各地（州、市）不仅要做好经费保障，同时要增设内部管理科室，结合实际，配齐配全热线管理人员。三是鼓励购买服务。借鉴先进地区经验和中山大学数字治理研究中心的研究成果，通过人口基数，估算话务量和应配热线人数，鼓励通过政府购买服务的方式，合理配置热线业务团队，短期内提升全疆热线服务能力和水平，满足 12345 热线运行发展需求。四是成员单位应纳尽纳。将涉及企业和群众诉求的各级党政机关、企事业单位及社会团体等纳入 12345 热线成员单位，并明确分管领导和部门领导各 1 名，联系人 1～3 名①，建立工单处办联系机制。

二 深化"督办分离"，提升诉求处办能力

为防止重复建设，避免省和地（州、市）级热线平台之间权责不明，自治区提出了"统一标准、两级建设"的新疆模式，明确自治区 12345 平台为调度枢纽，负责监督指导，各地（州、市）12345 热线属地管理，实现"12345"一号响应，县（市）以下不得建设 12345 热线平台，有条件的县（市）可开通远程座席。

在此基础上，优化整合 33 条政务服务便民热线，其中，18 条整体并入，10 条双号并行，5 条设立分中心，以自治区 12345 平台为中轴，形成了"1＋14＋N"构架体系。各热线平台与自治区 12345 平台进行无缝对

---

① 本文数据均由作者所在单位提供。

接，实现了跨区域、跨层级、跨部门平台之间的知识库、话务和工单等数据共享。

三 监督再监督，提升诉求督办能力

为保障企业和群众合理诉求在处办过程中的质量和效率，各级12345热线管理机构加强对12345热线反映的热点难点问题的跟踪、催办和督办。对逾期未办结、逾期退回的承办单位，予以警告或通报，告知其上级部门或督办部门进行督办；对办理质量差、不符合政策规定或敷衍塞责诉求人的，退回承办单位重新办理；对跨层级或涉及部门较多、办理难度较大的报州、市人民政府（行政公署）开展联合督办或现场督办；对州、市本层级难以督办的，提请自治区12345平台处理。

同时，自治区12345平台开通监督举报电话0991-7912345，对全疆热线服务质量和效能进行监督，受理各类政务热线无法接通，服务不满意，久拖不决，私设各类政务热线，阻碍、干扰、恐吓企业和群众拨打12345热线等诉求。

四 加强协同联动，提升多渠道服务能力

为充分发挥热线"连心桥"作用，有效解决群众急难愁盼问题，新疆12345热线承接了人民网主席留言板网民诉求处办工作，与新疆生产建设兵团96359热线、网信办、新疆日报社、新广行风热线形成协调联动机制，开发微信小程序、百度小程序、支付宝小程序，多渠道受理群众诉求，有效建立起"政企""政群"之间的桥梁，让企业和群众反映的事有人盯、有人办，持续提升企业和群众的获得感和满意度。一是深度推进"兵地融合"，与新疆生产建设兵团96359热线形成协调联动机制；二是与新疆日报社联合开设"石榴云12345"问政专属版块，企业和群众在"石榴云

12345"问政平台反映诉求可直接转派到自治区 12345 平台处办。自 2022 年 5 月 29 日对接以来，共转接诉求工单 25948 件。三是与新疆广播电视台合作，共同打造"我为群众办实事·新广行风热线地州行"地州领导接待日融媒体直播活动，现场解答企业和群众的问题，对不作为、乱作为的行为进行曝光。截至 2023 年 8 月，在阿克苏地区、乌鲁木齐市、伊犁州等地举行了 7 期节目，效果显著。

五 推动标准化建设，提升诉求规范处理能力

为解决各地（州、市）12345 热线诉求分类、话务服务、工单处办、数据归集等标准不统一问题，新疆 12345 热线在热线服务标准化建设和热线数据应用方面进行了一系列积极探索。在诉求分类方面，实行"全区一库"，统一分类。在话务标准化方面，主要从话务座席小环境、礼仪用语、回答规范、语速、语调等方面加强培训。在工单标准化方面，聚焦 12345 热线工单类型，建立标准，分类办理，围绕工单转办（催办、督办）流程、不同类工单规范、红黄工单警示条件等方面，改变此前处理工单层层向下转办低效率模式，坚持以"要素为主、流程为辅"转办原则，将工单直接转处办人员，从而实现了提速增效。在数据归集方面，主要在术语和定义、汇聚对接范围、工单数据汇聚、数据汇聚技术要求、平台功能、对接接口等方面加大力度。

六 推动专业化建设，提升专业服务能力

按照"专业的事专业的人办"原则，新疆 12345 热线针对热线服务人员和各级主管部门处办人员，从职责分工、业务技能等方面开展专业能力培训。

在职责分工方面，根据热线服务的职责，将热线服务人员分为话务

组、工单组、数据分析宣传组和综合组。话务组负责"接诉即办"中"接"的工作，不断推进"一号对外"，监督指导全区话务工作，提高一次性办结率，服务企业、服务群众，提供 7×24 小时人工服务，不断提升服务质效。工单组负责"接诉即办"中"办"的工作，监督指导全区热线诉求办理工作，跨层级、跨区域、跨部门工单的转办督办，制定行业标准，协调督办重点、难点、堵点等急难愁盼诉求，不断完善诉求处办流程，拓展热线受理渠道。数据分析宣传组负责助力提升 12345 热线服务能力和水平，持续擦亮 12345 热线品牌，协助 12345 热线对话务和工单进行监督指导，通报全区 12345 热线运行情况，宣传报道 12345 热线服务群众、服务企业、服务政府的价值和意义，指导全区 12345 热线各类专报、通报、信息稿件等撰写，对 12345 热线诉求数据进行分析，为各级政府部门提供数据支撑和参考。综合组负责行政协调和监督其他各组履职尽责。

在业务培训方面，主要分为常态化培训、专家学者培训、主管部门培训、系统性培训。常态化培训为：定期复盘会、技能培训、经验分享等，通过学习不断总结和积累经验，实现个人综合能力的持续提升。专家学者培训指邀请行业专家学者，讲授行业先进经验和做法，拓宽视野。主管部门培训主要是讲授各主管单位的相关专业知识，让工作人员对业务分类、工单转派做出准确判断。不定期组织系统性培训，从服务技巧、心理学、普通话、法律法规等方面全方位提升服务能力，推进持证上岗，提高工作人员的工资待遇，确保人员队伍稳定发展。

安阳12345政务热线标准化建设工作

宋光明[*]

本文将从安阳市的概况、安阳市12345政务服务便民热线概况、标准化让政务服务便民热线更高效、大数据让政务服务便民热线更智慧以及12345政务服务便民热线数据分析规范五个方面进行阐述。

一　安阳市概况

郭沫若先生说过："洹水安阳名不虚，三千年前是帝都。"安阳是七朝古都，有3300多年的建城史，500年建都史，是早期华夏文明的中心之一。在2022年10月26日至28日党的二十大召开后不到一星期，习近平总书记就到陕西延安和河南安阳进行实地考察，对红旗渠精神以及殷墟给予高度评价。总书记说："红旗渠很有教育意义，大家都应该来看看"。[①]在安阳殷墟，总书记感叹："殷墟我向往已久。"[②] 总书记之所以如此说，是因为殷墟在中华文明历史上发挥了重要的作用，将中国的信史向前推进了近千年。安阳作为八大古都之一，是全国优秀旅游城市、国家园林城市，也是《周易》的发源地。电影《封神》就是在这里取景拍摄的。中国文字博物馆是经国务院批准建设的集文物保护、陈列展示和科学研究于一

---

* 宋光明，安阳市政务服务中心党委书记、主任、一级调研员。

① 《总书记说"红旗渠很有教育意义，大家都应该来看看"》，https://baijiahao.baidu.com/s?id＝1748130581940131836&wfr＝spider&for＝pc，最后访问日期：2024年3月27日。

② 《特刊｜殷墟我向往已久》，https://baijiahao.baidu.com/s?id＝1748130673700203874&wfr＝spider&for＝pc，最后访问日期：2024年3月27日。

体的国家一级博物馆，是中华汉字文化的科普中心、全国科普教育基地、全国爱国主义教育示范基地。

二 安阳市 12345 政务服务便民热线概况

安阳市市长便民公开电话受理中心成立于 2002 年 9 月，隶属市政务服务中心管理。2012 年 7 月，建立了安阳市 12345 联动服务中心。

热线是党和政府与人民群众之间的重要桥梁，是一条民心热线。安阳市政务服务便民热线整合了全市 115 条公益热线，并与 101 家热线进行联动，建立了拥有 1000 多名工作人员的市、县、乡、村四级联动网络。[①] 目前，累计接听来电量 1000 余万通。在 2021 年 11 月底，完成了全市 42 条热线的归并工作。为了方便群众反映问题，提供了 14 种反映方式，包括"三线一箱三留言"，即市长热线、连线政府、在线访谈，市长信箱，人民网留言、国家和河南省政务服务平台留言、短信留言。此外，安阳还通过"三微一端三平台"，即微博、微信、微视频，手机客户端，营商环境平台、河南省热线平台、110 平台，全方位地受理人民群众的诉求。

目前，安阳市政务服务便民热线日均受理来电量约 2000 通，年均受话量达 73 万余通，拥有 90 个座席、90 条受话线路和 150 多名工作人员。在"市长信箱"渠道，日均受理来信近百封，办结率在 98% 以上，曾连续 13 个季度居河南省第一。"在线访谈"栏目，每周邀请一个部门或单位的主要领导与网民在线交流，围绕本单位职责范围内群众关注的问题进行解答。2023 年 8 月，已举办在线访谈 609 期，累计回答网民问题 5 万余个。安阳政务论坛"连线政府"，已累计收到网民留言 2.6 万余条，部门回复率达 98%。

---

① 本文数据均由作者所在单位提供。

三　标准化让政务服务便民热线更高效

习近平总书记强调："标准决定质量，有什么样的标准就有什么样的质量，只有高标准才有高质量。"① 安阳市市长电话的受理全流程包括受理、交办、办理、回复、审核、回访、督办 7 项任务。为了确保工作的规范性，安阳制定了 46 条相关标准，要求"人人按标准办事，事事有标准规范"。正因如此，安阳市政务服务中心被评为省级服务标准化示范单位，并成为国家级社会管理和公共服务综合标准化试点单位。

2019 年 9 月 30 日，安阳市制定了《12345 政务热线服务与管理规范》，成为河南省首个政务热线领域省级地方标准，填补了河南省热线标准的空白。该标准涵盖受理、督办、数据分析与结果运用、监督、评价与改进等方面。安阳 12345 市长便民公开电话受理中心在北京召开的 2019 全国政务热线发展高峰论坛上获得多项荣誉。

在推进受理办理工作的标准化方面，安阳 12345 政务服务便民热线采取了三个方面的措施：提高首次接通率和解决率、实行快速精准交办、半小时内转交相关部门办理。

在推进办理回复工作标准化方面，安阳 12345 政务服务便民热线明确了标准化回复的要求，即要求接诉即办、1 小时内（紧急事项限半小时内）安排人员到现场进行处置、限时办理和回复、对于无法在限定期限内回复的情况可以申请延期处理。对于重要的来电、来信和留言，要求以正式文件加盖印章和领导签字的方式回复，通过这种方式大幅提升了满意率。此外，对于现场整治类事项，要求提供整治前后现场照片。

在推进审核回访工作标准化方面，强调"三个一律"的原则：首先，对于办理结果不明确的事项，一律退回重新办理；其次，对于群众不满意的事项，一律通报给承办单位的主要领导；最后，对于明显敷衍应付、办理不力

---

① 《坚持高标准求得高质量》，http://theory.people.com.cn/n/2014/0404/c107503–24821175.html，最后访问日期：2024 年 3 月 27 日。

的事项，一律通报给新闻媒体和纪检监察部门。目前，安阳12345政务服务便民热线每年的话务量为73万余通，回访率达到了92%，退单占比4%，不满意率为3%。

在推进监督评议工作标准化方面，安阳12345平台在受理群众诉求后，系统会自动向群众发一条短信告知事项已受理，并在5个工作日后给出处置结果，还向群众推送一个链接，群众可以通过该链接查看单位的回复结果。如果群众对回复不满意，在填写完不满意原因后，工单将自动退回重办，给予承办单位再次办理的机会。安阳12345政务服务便民热线在2009年率先建立了第三方评价机制。建立第三方评价机制的原因是，许多热线交办的事项，即使承办单位认真办理，也有群众不满意。因此，召集人大代表、政协委员、法律工作者、学者、群众代表等共同讨论，进行评议。如果超过半数的人认为相关单位已经履职尽责，并且符合情理和法规要求，将对结果进行修正，以避免打击承办单位的积极性。另外，安阳市市长电话有"八不准"的要求，其中之一就是：群众不挂断电话，话务员不能挂断电话。此外，安阳12345政务服务便民热线还与安阳电视台联办《热线追踪》栏目近550期，《12345需求与反馈》专栏300多期。《热线追踪》旨在追踪和深入调查老百姓不满意的事项，《12345需求与反馈》则针对老百姓关注的典型案例进行回复。除此之外，从2006年开始，安阳12345政务服务便民热线与安阳日报社联办了《市长热线一周综述》栏目，刊发了500多期。

在推进督办工作标准化方面，利用《在线访谈》、《连线政府》、《热线追踪》和《12345需求与反馈》等栏目进行一周综述，曝光和点评民生事项，并向所有的市领导和各单位的一把手进行通报。

在以政务服务立法保障政务服务标准化方面，河南省人大常委会于2021年9月29日批准了《安阳市政务服务条例》，该条例自2021年12月1日起施行。这是深化"放管服"改革以来全国地级市第一部规范政务服务的地方性法规，对持续巩固放大"放管服"改革成效具有重要意义，可让更多企业和群众享受到改革"红利"。

四 大数据让政务服务便民热线更智慧

一是抓好热线整合，把分散的数据聚起来。坚持用数据说话、用数据办事、用数据决策、用数据创新。依靠 12345 政务服务便民热线云呼叫系统，整合了 12315 消费者投诉热线等 42 条服务热线，实现了政务、党务、家政服务"三合一"的一站式服务，提供一个号码找政府的整体性服务。

二是抓好数据分析，把收集的数据用起来。安阳 12345 政务服务便民热线对诉求类型、受理渠道、处理方式、诉求人信息、区域分布、行业分类、紧急程度、责任单位、办理质量、诉求总量等 10 个方面的数据进行分类统计，与历史同期数据进行对比，以反映数据的变化规律。对不同类别、不同行业、不同区域、不同单位的数据进行汇总、分析、预测，从而为领导决策提供依据。除了定期数据分析报告外，安阳 12345 政务服务便民热线还建立了重点问题分析报告制度，即周综述、月通报、季讲评、年总结，这些报告从办件量、办结率、反馈率、群众满意率等方面探索和挖掘重点问题的深层原因与解决办法，并对未来趋势进行预测，向社会发布预警信息。仅在 2020 年，安阳 12345 政务服务便民热线通过热线大数据分析为政府提供了 500 多条有价值的信息，并被政府用于决策参考。

三是抓好知识管理，让沉淀的知识活起来。安阳 12345 政务服务便民热线建立了一套完善、智能且不断更新的知识库系统。利用知识库中的知识，可高效、精准地解决部分共性问题，从而提高首次问题解决率和办结速度，提高市民满意度。同时，安阳 12345 政务服务便民热线运用大数据手段对全市各区域、各部门、各行业、各类型的数据进行量化分析、关联分析和综合分析。

四是抓好量化考核。用数据来评判工作成效。一方面，对承办单位进行量化考核。承办单位办理的效果，群众最有发言权，因此重点关注群众反映的事项是否得到解决。为了客观评价各单位的办理情况，安阳 12345 政务服务便民热线开发了群众来电来信办理反馈评价系统。另一方面，接受群众的监督评议。当承办单位办结群众反映的问题后，系统会自动向群众发送短信告知办理结果，并邀请群众进行评议，群众也可以通过拨打12345 政务服务便民热线或登录市长信箱查询办理结果并进行评议。

五 12345 政务服务便民热线数据分析规范

2022 年，为贯彻落实河南省委、省政府《关于全面实施标准化战略加快建设标准河南的意见》，按照国家、河南省有关政务服务便民热线的规范标准，并结合安阳实际情况，由安阳市政务服务中心提出申请，经过草案编制、调研论证、征集意见、专家评审和发布申报等程序，安阳市《12345 政务服务便民热线数据分析规范》（以下简称《规范》）于 6 月 26日在全国标准信息公共服务平台正式发布，并于 8 月 1 日开始实施。《规范》是全省首家、全国第二家地级市级政务热线数据分析领域的地方标准，填补了河南省政务服务热线数据分析标准的空白。

1. 编制依据

数据分析规范的编制依据，在于落实上级要求，推动热线信息共享。一是贯彻落实上级工作要求。根据《国务院办公厅关于进一步优化地方政务服务便民热线的指导意见》（国办发〔2020〕53 号）和《河南省人民政府办公厅关于印发河南省进一步优化政务服务便民热线实施方案的通知》（豫政办〔2021〕47 号）的文件精神，安阳市积极整合便民服务热线，推动 12345 政务服务便民热线与部门业务系统的互联互通和信息共享。二是全面汇聚各类热线资源。围绕"一号对外"工作目标，安阳市积极推进 42条政务热线的整合归并，并与"人民网留言板市长留言"、河南省 12345政务服务便民热线、安阳市 110 报警服务台等进行对接，实现了数据互推和资源共享，形成了"三线一箱三留言"及"三微一端三平台"全方位受理格局。三是打造热线大数据分析平台。依托 12345 政务服务便民热线多渠道受理功能，建立了全市由 1166 个二级、三级单位用户组成的办理体系，实现了接转办复以及数据分析等全过程的一体化管理。通过强化数据分析研判，建设热线大数据分析平台，及时收集具有普遍性、倾向性和苗头性的问题，并提交市领导进行研判，为部门履行职责、事中事后监管、解决普遍性诉求以及科学决策提供数据支撑。

2. 编写原则

数据分析规范的编写原则，在于结合工作需要，编制数据分析规范。一是科学合理编制规范。安阳市政务服务中心广泛搜集整理国家和各省关于政务服务便民热线数据分析的标准、政策文件和经验资料，深入调查研究，结合安阳实际情况形成了《规范》草案稿。通过征集相关单位和专家意见，对《规范》草案稿进行了进一步的修改和完善，形成了科学、适用、实用的热线数据分析规范。二是内容翔实、操作性强。《规范》包含政务服务便民热线数据分析的目标、方式和结果应用等内容。具体分为 12 个部分，包括数据分析范围、规范性引用文件、术语和定义、基本要求、分析目的、数据来源、数据预处理、数据指标、数据分析、分析报告、数据信息安全、监督评价与改进。通过动态监测、统计分析、趋势研判、效果评估等方式，挖掘分析数据价值，加强热线数据的应用，提高风险防控、实时预警、应急处置以及科学决策能力。三是树立标杆以指导工作。《规范》的实施进一步强化了热线数据的汇聚、分析及运用，实现了诉求数据的全面整合、民生诉求的精准分析、热点问题的预测预判，为政务服务精准化和社会治理智能化提供了有力支撑。同时，《规范》在河南省范围内树立起了热线数据整合和群众诉求分析的示范标杆，也为其他地区的热线发展提供了可借鉴的经验。

3. 内容确定

在数据分析规范的内容方面，对数据指标的动态监测、统计分析、趋势研判、效果评估等，旨在挖掘数据的价值，增强对数据的应用能力，提高热线实时预警和应急处置的风险防控水平，不断探索未诉先办机制，及时发现苗头性、倾向性问题，提升政府科学精准决策的能力，最终实现跟踪社会热点、掌握社情民意、预警发展趋势、辅助政府决策，提升政务服务能力和城市治理水平，推进城市治理体系和治理能力现代化进程。

《规范》旨在监督热线话务过程、评估部门办理质量、分析群众诉求内容，为公众发布预警信息提供依据，并为党委和政府决策提供信息与数据支撑。在内部绩效管理方面，通过分析工作时长、通话时长、通话量、制单量、当即回复量、提交工单量、工单驳回量、挂机满意度等指标，对座席工作效能进行绩效考核，还可根据预测来电趋势动态调整座席数量。在部门绩效考核方面，通过分析承办量、办结量、及时签收率、按期办结率、群众满意率、推诿件量、退回重办量、一次办结率和差评整改率等指标，对部门的诉求办理情况进行绩效考核，评价和考核部门的办理质量。

4. 数据指标

在数据指标上，对话务数据从呼入数据、呼出数据、质效指标数据、挂机评价和通话效率五个方面进行考核。同时，也对工单数据进行考核，涵盖话务座席、调度座席、审核座席、回访座席、承办部门等内容。综合数据考核可以分为两个指标。首先是分流指标。分流指标主要用于人工或系统转 IVR、人工或系统转短信、人工或系统转多媒体指标的考核。其次是结果指标，包括最佳感知率、呼损率、呼叫放弃率。

在数据分析方面，运用制表、分类、图形以及计算概括性数据等来描述或展示数据特征和变动情况，主要包括数据的频数分析、数据的集中趋势分析、数据的离散程度分析、数据的分布等。

在描述性统计上，一是通过对比分析法、平均分析法、交叉分析法等进行数据分析，包括诉求总量、诉求类型、受理渠道等 17 个指标。二是通过趋势图、饼状图、柱状图等不同表现形式对话务、工单等数据进行分析，包括同比增长率、环比增长率、占比等 12 个指标。

在推断性统计上，通过时间序列分析、截面分析和面板分析等方式对数据进行分析。通过这种分析方式，找到热点问题的规律和关联原因，进一步探索重点问题发生和发展的深层原因，并提出解决办法。同时，可以利用推断性统计对未来趋势进行预测，并向社会发布预警信息。

在数据预警上，当话务数据频次高于阈值时，会进行预警，预警内容包括：（1）依据来电数量统计，分析来电高峰、低峰时段；（2）根据来电高峰时段的话务接通率变化，预测来电趋势；（3）分析大规模集中性诉求、同一人高频诉求等；（4）基于数据预警情况，提供动态调整座席数量的决策以辅助支撑工作。当诉求事项数据频次高于阈值时，会进行预警，预警内容包括：（1）对诉求事项进行多维度、精深度的综合及专项分析；（2）对堵点、突发、激增、异动等各类情况进行有效及时的智能监测；（3）梳理一地频发事项、多点多发事项、群诉单发热点事项，及时处置突发事项，挖掘某一区域的频发、多发、高发常见问题，群发热点问题和迟迟解决不了的顽症问题；（4）基于数据预警情况，提供联动办理、政策调整的决策以辅助支撑工作。

在社会民生治理上，安阳 12345 政务服务便民热线数据分析流程由五部分组成，包括实时归集、建立公共安全问题的联动机制、建立突发热点问题预警报告机制、制定应急管理措施、编制事后评估报告。实时归集突发、堵点、热点、难点等问题，及时分析频发、多发、高发事项，联系部门统筹调度解决；建立公共安全问题的联动办理机制，包括问题判定、处置事项责任清单、反馈报告等环节，确保问题能够得到及时有效处理；建立突发热点问题的预警报告机制，包括事件描述、问题预警、响应要求、办理反馈等内容；制定应急管理措施，包含预防措施、预测预警、应急响应、处置与恢复重建等方面；编制事后评估报告，包含对应急事项处置全过程的分析、总结、归纳。

在政府决策预警上，我们实时归集热点、难点等问题数据，向同级党委、政府报告，及时预警，辅助决策。

在数据分析规范的分析报告方面，建立定期分析报告、重点分析报告和专题分析报告制度，这些报告的分析内容包括事件起因、诉求意愿、处理过程、意见建议、预警分析等，通过传统描述方式和数据可视化展示的形式，向政府报告，向社会公布。

5. 现实意义

数据分析规范具有现实意义。一是加大宣标力度，提升贯标效果。组织开展一系列《规范》宣传和培训活动，动员中心全体人员参与标准宣传工作，将《规范》宣传具体到每一个岗位，深入人心。以标准化建设为抓手，实现政务服务便民热线"接得更快、分得更准、办得更实"，打造便捷、高效、规范、智慧的安阳政务服务"总客服"。二是强化数据分析，提升服务水平。聚焦群众的急难愁盼问题，加强对热线平台数据的综合分析和研判，将群众的诉求分类整理，梳理出重点事件、重点领域和重点话题，通过数据赋能，推动实现"精准发现问题、精准梳理问题和精准解决问题"，为党委和政府决策提供信息与数据支撑。三是规范服务模式，拓展服务范围。建立完善的热线受理标准化工作模式，包括集中管理、统一受理、按责交办、限时办结、统一督办、反馈评价、数据共享和分析研判等。同时，开发智能座席助手、智能回访、智能质检、智能知识库、5G 视频通话等功能，通过丰富的智能化手段提升12345 政务服务便民热线的工作质量和效率。

创新政企协作联动机制，促热线服务效能有效提升

周笑笑[*]

本文将先介绍喀什 12345 政务服务热线（以下简称 12345 热线）的基本情况，随后从政府与企业的关系（政企合作）、政府与政府之间的关系（协同联动），以及政府与群众之间的关系（目标导向）三个方面展开。

一 喀什 12345 热线的发展历程及背景

喀什 12345 热线最初作为喀什市市长热线设立，隶属于喀什市信访局，由 5 名工作人员负责运营。[①] 自 1999 年成立以来，该热线一直致力于为喀什市民提供优质服务。随着喀什地区的发展，为了更好地服务全地区市民，喀什地区行政公署在 2020 年做出了重要决策：成立覆盖喀什地区 12 个县市及经济开发区的喀什地区 12345 热线。

自 2020 年开始，喀什地区行政公署进行了多项准备工作，包括下发相关文件、建设场地、配备人员、搭建软件平台以及进行运营服务的招标等。经过一年多的努力，喀什地区 12345 热线于 2021 年 3 月 1 日正式启动试运行。从此，全地区市民只需拨打一个号码，即可享受便捷的服务。

在 2020 年至 2022 年间，喀什地区整合了 35 条各类服务热线，经历了新冠疫情的严峻挑战。最初，该热线仅有 36 名工作人员，但随着业务需求

---

* 周笑笑，喀什地区政务服务和公共资源管理局政务服务监管科副科长。

① 本文数据均由作者所在单位提供。

的增长，2022 年扩展至 42 名工作人员。然而，新冠疫情期间，热线呼入量急剧增加，导致接通率一度降至 10% 以下。

面对这一挑战，喀什地委、行署在 2022 年底至 2023 年初做出重要部署，全面提升 12345 热线的服务能力。为此，人员从 42 名增加到了 120 名，从而更好地满足了市民的需求。

在 12345 热线建设和改革工作中，喀什地委、行署的主要领导高度重视，亲自前往热线中心进行调研。在他们的指导下，分管领导具体负责实施各项改革措施，确保资金、人员和场地等资源得到有效利用。在资金方面，地区层面统筹了超过 1400 万元的资金，用于支持热线发展和设备采购等 17 个具体项目的实施。这为热线提供了坚实的资金保障，确保其能够持续发展并提升服务水平。在场地方面，新的办公场地达到了 1900 平方米，功能齐全。除了话务大厅，还配备了减压室、更衣室、多功能培训室和健身区等，为员工提供了舒适的工作环境，从而提高了他们的工作效率和满意度。在政策方面，2023 年完成了多项制度方案的制定和印发，包括热线运行管理办法和 110 联动实施方案等。这些政策为热线的规范运行提供了有力的制度保障，确保了各项工作有序开展。通过顺利完成人员扩充、场地扩容搬迁、软件升级改造等多项改革任务，在关键指标上，喀什 12345 热线的接通率、回访率均为 98% 以上。

二 热线发展改革攻坚期

——政企合作深入融合

2023 年初，12345 热线采取社会购买服务方式由联通公司承接运营，内部亟须厘清和运营方之间的关系。因此，喀什 12345 热线面临着前所未有的挑战。面临联通公司缺乏现场驻场管理人员，运营项目经理频繁更换、队伍不稳定、人员流失率高，且软件平台仅能满足基础运营需求等风险挑战。这些因素使得 12345 热线的响应和诉求办理情况不容乐观。外部形势也带来了压力，其他部门对热线的支持和配合程度有待提高。因此，喀什 12345 热线决定先从内部管理出发，厘清热线和运营方之间的关系，创新服务合作新模式。

目前，喀什 12345 热线由三级平台组成。一级平台为喀什地区 12345 热线运营中心，二级平台涵盖 152 个部门、县（市）政府，三级平台则包括 757 个县（市）部门、乡镇政府（街道）。12345 热线由喀什地区政务服务和公共资源管理局负责建设运营，并设立了热线管理科进行监督管理。喀什地区行政服务中心获得了地委编办的支持，增加了 5 个编制，设热线服务科，负责热线具体业务的管理。2023 年 10 月，两名正式干部进场管理。为增强热线的运营能力，喀什地区政务服务和公共资源管理局与联通公司合作，联通公司选派 5 名专业运营人员驻场运营。2023 年以来，喀什热线运营管理中心高度重视员工业务能力的提升，累计开展了 181 场业务培训，培训人数达 1304 人次。同时，制定了全流程标准体系，与各部门共同完成了知识库建设，录入信息达 40718 条，录入量在全疆排名前三。此外，质检合格率连续两个月位居全疆第一的优异表现，证明了热线运营的卓越品质。喀什 12345 热线在接通率、回访率等关键指标上表现优异，9 个月内接通率、回访率均保持在 99% 以上，全疆排名前三。人员流失率低于 4%。组织了两次外出学习活动，为员工提供了良好的职业发展机会。

在接通率方面，由于地区热线的智能化应用水平还较为有限，企业与群众拨打热线电话后尚未进行分流，采取 7×24 小时的维汉双语人工接通；在回访率方面，目前喀什地区有 13 名回访人员，工单受理的 24 小时之内进行 100% 回访；在知识库建设方面，2023 年 7 月喀什 12345 热线启动了知识库建设，在行署层面印发了 5 个文件来推动，建立了知识库领导小组，推动知识库录入。

在 2023 年，喀什 12345 热线取得了显著的成绩。喀什 12345 热线建立了清晰的标准体系，确保与合作伙伴良好合作。在与联通公司签订合同时，将回访率、接通率、提醒督办等关键指标纳入招标文件中，作为合作的重要约束条件。此外，针对运营服务制定了从服务保障、工单流转、服务效率、知识库运维、互联网受理运营、制度管理、宣传推广等 38 项评估类别 123 条考核细则，将考核细则和运营服务要求也纳入招标文件和合同中，以确保合作的顺利进行。

这一明确、规范的标准体系是政企合作的基础，它不仅约束了企业行为，也明确了政府与企业的合作关系。喀什 12345 热线明确和企业合作的基础与界线，用一年的时间通过紧密合作，带领、帮助企业完善内部制度流程，厘清绩效体系，增强员工干事创业的热情和信心。通过合作，喀什地区政资局与整个热线团队建立了强有力的信任关系，全体热线人增强了 12345 热线是代表政府形象，是政务服务"总客服"的大局观，增强了政治意识、大局意识。同时，热线人不管何种身份，整体对外代表政府形象，一言一行以最高服务标准要求自我的意识得到了牢固树立。

三　热线发展改革融合期

——加强部门间协同联动

2023 年，喀什 12345 热线加强协同联动，打造共建共治共享新格局，主要有以下几点做法。一是加强与 110 报警服务台高效对接联动，完成分流转办事项清单，实现了话务实时双向流转，形成了群众诉求和报警人"一键转接、三方语音通话"的联动处置机制。2023 年，针对具体存在的问题，每月开一次联动会议。二是建立与政法、宣传、网信等部门信息共享和协同联动工作机制，将热线信息作为全地区调度资源的重要组成部分。三是就噪声污染、光纤入户、冬季供暖等涉及多部门的专项诉求召开座谈会。四是为相关部门提供热线数据信息 46 份次，形成日报、周报、月报等专题报告 400 余份，为领导、部门决策提供了参考，形成了部门、县市联动的良好格局。为了更好地利用热线大数据，在 2023 年初成立了数据分析小组，通过大数据分析辅助绩效考核。不断优化日报、周报和月报等模块的数据分析，使领导能够通过数据报告全面了解热线的总体需求、诉求热点、工单质检情况以及办结率和满意率等总体效能信息。形成的日报、周报、月报会抄送地委、行署、纪委监委等有关领导及地直部门、12 县市政府、经开区政府，呈送的每一期都得到了行署领导的批示。同时，喀什地区政务服务和公共资源管理局对办件不佳的已发送工作提醒函 39 份，促进了 1780 个问题的解决。这一举措确保了工作的及时性和准确性，提高了问题解决的效率。

通过与企业合作方以及政府内部各部门的紧密合作，喀什 12345 热线建立了一套高效的互动机制，推动了一系列工作的顺利开展。自 2023 年以来，喀什 12345 热线成功承接了多项大型活动，展现了其在组织协调方面的强大能力。在法治政府建设现场推进会上，喀什 12345 热线邀请了来自行署及地直各部门、12 个县市的领导以及司法局等 70 多家单位的主要领导参观 12345 热线服务现场。这一活动不仅加强了政府各部门之间的交流与合作，还提升了喀什 12345 热线在政府内部的知名度和影响力。

四　热线发展改革目标初显

——企业群众认可度显著提升

热线的最终目标是服务企业和群众，接得更快、分得更准、办得更实是热线努力的方向，也是热线服务的目标和价值所在。

自 2023 年初至 12 月 23 日 24 时，喀什 12345 热线共接收到企业、群众来电 511852 通，其中成功接通 505928 通，展现出高达 98.84% 的接通率。这些来电中，有效诉求达到 474429 件，已成功办结 471036 件，办结率高达 99.28%。在已处理的诉求中，进行了 183930 次回访和评价，结果显示企业、群众对办理结果的满意率高达 98.70%。这些成果表明 12435 热线得到了企业和群众的高度认可。喀什 12345 热线收到来电表扬 672 次、锦旗 16 面。

喀什热线的接通率从 2022 年的 38.90% 增长至 2023 年的 98.84%（增长约 60 个百分点），按时办结率从 84.42% 增长至 98.99%，回访工单率达到了 100%，企业和群众对诉求结果的满意率从 2022 年的 88.79% 上升至 2023 年的 98.70%。能够取得这样的成绩，是厘清政府与企业和群众间的关系、创新政企协作联动机制的结果。良好的合作关系是热线服务团队成长的条件，也是运营合作的前提和基础。

未来，喀什12345热线将为畅通政府与企业、群众互动渠道，提高政务服务水平，建设人民满意的服务型政府而努力奋斗！

理论探讨

政务热线助力社会治理现代化的若干思考

黄　璜[*]

一　背景：社会治理现代化

社会治理现代化是中国式现代化的重要内容。党的二十大报告明确提出："完善社会治理体系"，"建设人人有责、人人尽责、人人享有的社会治理共同体"。[①] 数字时代的社会治理问题具有显著的跨界性、关联性、复杂性、动态性等特点，多元主体博弈与多空间多层次复杂系统演变相互作用，加之网络放大效应，易致社会矛盾外溢，使局部小问题扩散为全局大风险。

数字时代的到来，进一步增加了社会治理问题的复杂性和难度。信息技术的发展不断拓宽了社会治理的领域和范围，社会治理涉及网络空间管理、数据安全防护、信息传播调控等多个层面。同时，数字技术的迅速普及也带来了新的社会问题，如网络暴力、隐私泄露、网络诈骗等，这些问题给个人和社会带来了严重的冲击，也对社会治理提出了新的挑战和要求。

为此，社会治理现代化需要不断适应数字时代的新变化和新要求。政府、企业和社会各方需要深化合作，共同推动社会治理体系的完善和创新。同时，还需要加强相关法律法规的制定和实施，以保障网络安全和信息安全，

---

[*] 黄璜，北京大学政府管理学院副院长、教授。

[①] 《高举中国特色社会主义伟大旗帜 为全面建设社会主义现代化国家而团结奋斗——在中国共产党第二十次全国代表大会上的报告》，https://www.gov.cn/xinwen/2022 - 10/25/content_5721685.htm，最后访问日期：2024 年 4 月 19 日。

维护公民的合法权益和社会稳定。此外，社会治理还需要注重动态性和灵活性，及时应对和处理各类新的社会问题，确保社会的和谐稳定与持续发展。

二 12345热线的重要价值

在当前的社会治理背景下，12345 政务服务便民热线（以下简称 12345 热线）已经发展成为全国各城市中不可或缺的政策工具。许多学者均对 12345 热线进行了深入研究，并特别强调了其在社会管理中的重要地位。张楠迪扬指出，以 12345 热线为核心的社会治理新模式，通过在政府行政执行体系之外建立一套完整的信息发现、上传、下达和反馈机制，以及压力感知机制，实现了政府对市民诉求的近乎"全响应"。[①] 马亮也指出，12345 热线在推动城市治理绩效提升方面发挥了积极作用，12345 热线推动城市治理的行政问责、公众监督和持续改进，全面提升了城市治理水平。[②]

有学者将 12345 热线比作社会问题的"感知器"，认为它能够敏锐地捕捉并解决各种社会问题。[③] 这一比喻形象地揭示了热线在发现问题和解决问题方面的独特作用。同时，也有学者将 12345 热线比作"显微镜"，因为它能够让原本被忽视或看不见的问题显现出来，使我们能够更加深入地了解社会问题的真实面貌。[④]

从更宏观的角度来看，12345 热线可以被视为一个"千斤顶"。它通过自身的力量，将复杂的社会问题一一揭露并解决，让我们能够看到隐藏在表面之下的众多复杂问题。在现有的社会治理体系中，12345 热线提供了一个重要的信息交流和问题解决平台，为政府、市场、社会和家庭等多元

[①] 张楠迪扬：《"全响应"政府回应机制：基于北京市 12345 市民服务热线"接诉即办"的经验分析》，《行政论坛》2022 年第 1 期。

[②] 马亮：《数据驱动与以民为本的政府绩效管理——基于北京市"接诉即办"的案例研究》，《新视野》2021 年第 2 期。

[③] 赵金旭、王宁、孟天广：《链接市民与城市：超大城市治理中的热线问政与政府回应——基于北京市 12345 政务热线大数据分析》，《电子政务》2021 年第 2 期。.

[④] 孟天广、黄种滨、张小劲：《政务热线驱动的超大城市社会治理创新——以北京市"接诉即办"改革为例》，《公共管理学报》2021 年第 2 期。

主体参与社会治理提供了机会。

三　存在的问题

当前关于 12345 热线的文献有很多，众多卓越的学者已经进行了深入的研究。在现有的文献中，对于存在的问题已有全面的总结，主要集中表现在两个方面。首先，承办单位尽管承担了大量的工作，但其在为民服务方面的思想认识还有待提高。其次，工单办理、回访和督办的责任意识仍需进一步加强。

解决 12345 热线现存问题，有效助力社会治理，仍需理顺以下六大关系。第一，政府与社会的关系或政府与市场的关系。12345 热线在运行中也可能给基层政府带来负担，过去可以通过市场、社会或家庭解决的问题现在都聚集到了政府一侧。随着工作量的增加，如何提高 12345 热线的运行效率和服务质量成了亟待解决的问题。第二，条条与块块的关系。例如，将林业用地用于解决停车问题时，涉及林业部门和街道的协调，12345 热线作为一个协同枢纽，如何实现条块组织间的协调也成为新的挑战。第三，部门与部门之间的关系。例如，渣土车进城的问题涉及不同部门的利益。部门间利益冲突和部门本位主义之间的矛盾是制约 12345 热线助力社会治理的重要原因。第四，私域与公域的关系。12345 热线面对的绝大部分诉求集中在小区和村庄层面的基层服务上，但较少反映在道路交通、市政设施、公共服务、城市规划等发展性问题上。12345 热线究竟该如何定位其自身的角色和作用，是实现 12345 热线赋能社会治理的关键前提。第五，资源与需求的关系。例如，解决停车问题和绿地的矛盾需要政府进行资源统筹和协调。可见，12345 热线如何调动有限的资源和提升治理能力是有效回应治理需求的关键。第六，治理与发展的关系。例如，基建可以促进发展，但也可能出现扰民问题。合理地平衡治理和发展的关系，也是 12345 政务热线在参与社会治理时需要思考的重要问题。

这几大关系不仅仅是承办单位和承接单位的问题，更是整个城市，尤其是超大城市的治理问题。12345 热线作为政府回应治理需求的重要平台和链接各方主体的关键枢纽，亟须探索建立一种平衡机制，让各类主体都能发挥其独特优势，实现各主体间的协同治理，共同推动社会的和谐稳定与发展。

四 几个思路

针对上述问题，梳理总结学术界多种治理思路，主要有如下几点。首先，倡导多元治理模式，即通过共同建设、共同治理和共享成果，发挥各主体的作用，鼓励社会公众积极参与。① 这种治理模式旨在构建一个开放、包容和协同的社会治理格局。

其次，强调主动治理的必要性。② 积极主动发现问题和解决问题，使接诉即办等机制在处理社会问题时更加迅速和高效。主动治理有助于预防和化解社会矛盾，提高政府响应速度和服务质量。

再次，整体治理也是一个重要的思路。③ 在处理一些跨部门、跨层级的问题时，需要打破条块分割，实现多层级多部门的联动和协同。整体治理有助于整合资源、提高效率，从而更好地解决复杂的社会问题。

又次，数字治理也是一个备受关注的领域。④ 通过运用大数据、人工智能等技术手段，推动治理的数字化转型。数字治理可以提高政府决策的科学性和精准性，优化公共服务供给，提高社会治理效能。

最后，开放治理强调公开和沟通的功能。⑤ 在信息时代，开放治理显

---

① 张欣亮、王雯：《政务热线改革驱动下超大城市基层敏捷治理研究——以北京市"12345"政务热线为例》，《领导科学》2021 年第 16 期。

② 赵金旭、赵德兴：《热线问政驱动社会治理范式创新的内在机理》，《北京社会科学》2022年第 2 期。

③ 刘振琳、吴为：《公共治理碎片化的破解之道——上海市 12345 市民服务热线的整体治理经验》，《浙江工商职业技术学院学报》2017 年第 2 期。

④ 张小劲、陈波：《以数据治理促进政府治理：政务热线数据驱动的"技术赋能"与"技术赋权"》，《社会政策研究》2022 年第 3 期。

⑤ 胡业飞、孙华俊：《政府信息公开与数据开放的关联及治理逻辑辨析——基于"政府-市场-社会"关系变迁视角》，《中国行政管理》2021 年第 2 期。

得尤为重要。政府需要加强信息公开和信息披露，提高公众的知情权和参与度。通过加强与社会公众的沟通，政府可以更好地了解民意和需求，提高治理的针对性和有效性。同时，开放治理还有助于加强社会监督，促进政府与公众之间的互信和合作。

在多元治理、主动治理、整体治理、数字治理的基础上，开放治理的沟通功能对于解决社会问题具有重要意义。通过加强信息公开和沟通，政府可以更好地了解社会需求和问题，提高治理的针对性和有效性。

五　讨论

习近平总书记明确强调："加强和创新社会治理，关键在体制创新，核心是人，只有人与人和谐相处，社会才会安定有序。"[①] 这表明，无论是在探讨12345热线还是在社会治理领域，最终都是以服务人民为宗旨，以构建一个和谐稳定的社会为目标。而在这个过程中，沟通的重要性不言而喻。

在公共政策领域，有一个著名的比喻——"云和报时钟"。这个比喻形象地揭示了社会问题的复杂性和不确定性。波普尔提出的塑料控制形态的比喻，提醒我们不能像对待钢铁那样刚性地解决社会问题，而应该采用更多元、更灵活的技术工具。

因此，在解决社会问题时，需要充分重视人的因素，通过改革创新社会治理体制机制来强化社会治理。同时，也要善于运用多元化的技术工具来适应社会的复杂性和不确定性。通过建立健全有效的沟通机制，促进人与人之间的和谐相处，实现社会的安定有序，这样才能更好地解决社会问题，推动社会的和谐稳定与发展。

"有时去治愈，常常去帮助，总是去安慰。"这句名言不仅在医学领域

[①] 习近平：《推进上海自贸区建设 加强和创新特大城市社会治理》，《人民日报》2014年3月6日，第1版，http://cpc.people.com.cn/n/2014/0306/c64094 - 24541425.html，最后访问时间：2024年4月2日。

具有指导意义，在政府治理中同样适用。在现实生活中，由于各种因素的限制，往往无法彻底解决所有问题。然而，通过有效的沟通交流和安慰，可以帮助缓解社会压力，减轻相关人员的痛苦和焦虑。

此外，北京电视台有一档节目叫《向前一步》，同样引人深思。这档节目通过搭建一个开放的交流平台，让各方能够共同探讨和解决社会问题。主持人具备出色的组织和协调能力，能够牵头引导各方进行深入探讨。节目还邀请了众多专家和相关人士参与讨论，为解决问题提供了多元化的思路和方案。这种机制对促进社会和谐稳定具有重要意义。

丁元竹指出，社会沟通是社会秩序的表达方式，也是社会秩序的重构过程，是社会治理的过程。[①] 这句话深刻地揭示了沟通在社会治理中的重要作用。为了将社会沟通纳入社会治理平台，需要采取以下措施。

首先，需要建立诚实可靠的沟通机制。只有当沟通双方坦诚相待时，才能实现真正意义上的交流和理解。其次，需要保持开放包容的沟通态度。这意味着需要积极倾听他人的意见和建议，尊重并重视不同的观点和立场。再次，相互之间应该秉持平等（包括地位、机会和待遇等方面的平等）的原则进行沟通，以确保各方在交流中能够充分表达自己的意见和需求。最后，需要培养共情能力。共情是指站在他人的角度思考问题，理解他人的感受和需求。通过共情能力的培养，可以增强对他人的关注和关爱，促进有效的沟通和理解。

综上所述，12345 热线在社会治理中扮演着重要的角色。它不仅是一个问题感知器和解决平台，还是安慰剂。12345 热线的沟通和矛盾纾解功能，可以在一定程度上缓解社会压力。但是，为了实现更有效的社会治理，还需要具备更多诚实、开放、平等、公正、共情等积极的态度和精神，这些因素将有助于构建更加和谐、稳定和繁荣的社会。

---

① 丁元竹：《完善社会沟通机制 提升社会治理效能》，《光明日报》2019 年 11 月 4 日，第 16 版，https://epaper.gmw.cn/gmrb/html/2019－11/04/nw.D110000gmrb_20191104_1－16.htm，最后访问时间 2024 年 4 月 2 日。

从便民到利企：政务热线发展与营商环境优化

马　亮[*]

市民热线是一个为市民提供服务的平台，然而，市民热线的服务范围仍有很大拓展空间。从"政务热线"的名称演变中就可以看出其发展历史和轨迹，它曾被称为市长热线、市民热线、便民热线等，但是无论名称如何变化，其核心都是为市民提供服务。

回溯政务热线的发展历程可以发现，它也涉及如何为企业等市场主体提供服务的问题。这是与服务市民同等重要的一部分，但是与服务市民不同的是，政务热线为企业提供服务需要满足更多要求和条件。因此，实务界与学术界需要关注的问题是，如何将政务热线服务扩展到企业领域，特别是如何优化营商环境。

2023年，世界银行发布了新的营商环境评估方案。该方案有很多变化，这不仅为进一步优化营商环境提供了契机，也为政务热线在其中发挥作用创造了机会。因此，本文将对以下三个方面进行讨论。首先，结合世界银行发布的新的营商环境评估方案，探讨前文提出的需要关注的问题；其次，讨论政务热线在营商环境优化中发挥的作用；最后，探讨如何利用这些机会来进一步优化营商环境。

不可否认，政务热线在便民服务方面发挥着重要作用。然而，在为企业提供服务方面，政务热线同样具有潜力，也面临着挑战。政务热线在社会治理方面已经做得非常出色，但是在经济治理和经济服务方面还有很多可以发挥的空间。面向不同于市民的企业，需要探讨如何更好地利用政务

---

　　* 马亮，中国人民大学公共管理学院教授，国家发展与战略研究院研究员。

热线为企业提供服务。因此，本文将探讨如何通过政务热线推进营商环境优化问题。

一　如何理解政务热线的新定位

（一）世界银行营商环境评估与排名

过去的十多年间，我国政府一直在努力优化营商环境，其中一项重要任务就是向国际看齐。在这个过程中，我国政府特别强调市场化、法治化和国际化。然而，优化营商环境的前提是要明确中国在全球 190 多个经济体中处于什么位置，以及营商环境的哪些方面是短板。当前，国内外许多机构都在评估营商环境，但是世界银行评估的影响力最大，且持续时间最长。在世界银行的排名中，中国的最佳排名是 2020 年的第 31 位，其中一些具体指标甚至进入全球前十。和过去相比，这是巨大的进步。

2020 年 8 月底，世界银行暂停了对各国营商环境的评估项目。世界银行暂停评估项目的原因是多方面的，可能是政治因素，也可能是营商环境评估和排名存在数据失当问题。2021 年 9 月 16 日，世界银行正式发布公告，停止营商环境评估，并发布审计报告和专家组评审报告。

世界银行的营商环境报告由独立评审团评审，但是专家在进行外部评估过程中，给出的排名更多地依赖其对"外显"的营商环境的判断。因此，市场主体对营商环境的实际感受与评估结果之间可能存在较大差距。与此同时，国际排名日益受到重视，也会受到政治干预和内部舞弊的影响。

对于世界银行的营商环境评估方法，审计报告提出了如下建议。第一，营商环境应衡量事实上的营商环境，而不是关注法理上的营商环境。换句话说，要关注企业实际感受到的营商环境。第二，多个评价指标存在不足，比如要反映政府积极作为发挥的作用，更多关注跨国经贸企业而不是中小微企业。第三，删除总指数和各国排名，因为这既没有实质意义，也会招致各国干预和导致利益冲突。排名让各国都非常焦虑，甚至产生较大压力。因此，需要减轻排名带来的负面影响，发挥其引导营商环境优化的正面作用。第四，提升营商环境评估的透明度和监督质效，通过内外部的各方面努力重建其公信力。

（二）世界银行营商环境评估的变化

世界银行的营商环境评估在过去20年发生了微妙的变化，具体表现在如下方面。2003~2019年，世界银行的营商环境评估衡量的是营商环境（Doing Business，DB）。2022年12月，世界银行发布的相关材料则采用"宜商环境"（Business Enabling Environment，BEE）的概念。2023年5月，世界银行将其改为"商业就绪度"或"商业准备度"（Business Ready）。

名称的变化并未改变营商环境评估的实质，它仍然是对"外显的"营商环境的评估。过去与现在的营商环境评估均注重平衡四个方面的需求：营商的便利性还是民营经济的广泛收益、监管负担还是监管质量和公共服务、法律法规还是实际执行（名实相副）、跨国数据可比性还是国内数据代表性。

世界银行的营商环境评估关注如何在上述四个方面实现一种平衡，并兼顾各个方面的需求。例如，过去评估更多地关注市场监管，即如何减轻企业负担，降低经营成本，现在评估的重点则转向了公共服务；过去的评估更多地关注政策上的监管规则有哪些问题，而现在的评估更加关注实际执行情况。

在"变与不变"之间，世界银行营商环境评估的议题也发生了变化。虽然世界银行的营商环境评估仍然涵盖十个议题，在数量上未变，但是有一些议题有了显著变化。例如，过去劳动力、金融服务、市场竞争这三个议题并未被纳入营商环境评估中。

从表面上的议题变化，可以洞察到更深层次的意涵变化。每个议题的变化，实际上都与监管框架、公共服务、效率这三个关键维度紧密相连。因此，世界银行营商环境评估要关注这三个关键维度。

首先，要关注监管框架，它主要涵盖了市场监管。一是不能抛弃监管，但是也不能过度监管，要兼顾灵活性与规范性；二是要考虑监管质量（透明度、明晰度和可预见性）与监管负担，如商业准入规则等。

其次，公共服务同样是营商环境评估的重要维度。一是不能只注重管理而忽视服务，而是要将管理和服务相结合，特别是要注重数字政务服务的发展。二是要考虑对市场运行至关重要并能促使政府提供公共服务的制度安排、基础设施和项目，如使商业合同得以有效执行的各种制度和机构等。

最后，效率也是营商环境评估的重要标准。要关注企业的声音，因为营商环境的好坏，企业最有发言权。因此，要加强企业调查，通过企业调查和专家咨询确定每个维度可以达到的最优效率水平，如企业办理业务的时间和成本等。

通过进一步分析可以发现，营商环境评估的风向标正在发生转变。此次评估提高了企业调查的比重，采用"专家咨询＋企业调查"的模式。新的世界银行营商环境评估在 2023 年启动，三年一轮。企业调查在 2023 年启动，每三年更新一次。企业不仅关注如何促进经济增长，而且强调如何推动共同富裕等社会目标的实现。新的世界银行营商环境评估覆盖了全球约 190 个经济体，分三个阶段进行。第一阶段：2024 年春季，发布 60 份经济体评估报告（包括中国香港地区）；第二阶段：2025 年春季，发布 120 份经济体评估报告（包括中国大陆和中国台湾地区）；第三阶段：2026 年春季，发布 180 份经济体评估报告。

值得注意的是，世界银行营商环境评估特别关注三大通用主题，即数字技术应用、环境可持续性、性别平等。首先，需要关注数字技术在营商环境中的应用，包括供水供电等基础设施是否能够在线申请和信息披露。其次，环境可持续性是关键因素。过去企业只追求快速发展，现在需要考虑对环境的影响并实现可持续发展。最后，性别平等问题也需要引起关注。需要反思过去无性别的营商环境理念，将性别平等问题纳入考量范围，思考如何为女性企业主提供优先服务和政策倾斜。

优化营商环境需要考虑多个方面，包括政务热线反映的社会治理问题以及政商关系、经济发展等。这些因素共同构成了营商环境优化的必要条件，需要进行综合管理和平衡。政府不能只关注市民而忽视企业，否则会出现问题。因此，需要考虑企业与市民之间的平衡关系。

二　政务热线如何从便民走向利企

（一）优化营商环境的方向和方式：企业＋市民

城市是"一体两面"的，城市的发展离不开企业的繁荣和市民的生活，这两个方面是相互依存、密不可分的。因此，优化营商环境应关注企业生产和市民生活的互动关系。理解市民与市场（企业）之间的关系，需要认识到市民身份的多重性。

市民与市场（企业）在不同场景下有不同的互动关系。作为消费者的市民，可能面临企业侵权与市民维权；作为生产者的市民，可能面临企业拖欠工资与市民维权；作为企业邻居的市民，可能面临企业扰民与市民维权；作为员工家属的市民，可能面临企业推卸责任与市民维权。因此，政务热线应该兼顾对市民与市场（企业）的服务，确保双方的权益得到维护。

政务热线的核心定位是便民，但是为了优化营商环境，需要强调利企。在深入探讨政务热线与营商环境优化的交互关系时可以发现，其中蕴含着诸多引人深思的议题。过去，政务热线的主要服务对象是广大市民群众，包括本地居民、外来人员，以及各个年龄段和不同区域的公众；如今，企业热线的崛起引发了诸多讨论和思考。

企业热线与市民热线在发展过程中有许多相似之处。比如，企业热线从分散走向集中，市民热线在发展过程中也经历了从多条热线并存到整合为单一热线的转变。这种整合意味着各项政策不再分散在多条热线，而是由特定部门进行具体的执行和管理。这些部门不仅了解政策的制定背景，而且能洞察政策的针对性和有效性。

如何推动政务热线利企？当前政务热线正在经历从便民到利企的转型，这需要政务热线从被动转向主动、从配角成为主角、从注重减压到赋能企业。也就是说，为了更好地服务企业，政务热线需要发生一系列转变。

政务热线服务企业面临不少挑战，因为上述各种变化也带来了新的挑战，那就是如何平衡政务热线的多样性和咨询需求的集中性。在整合的过程中，原先分门别类的政策汇聚到一起，增加了咨询需求的集中性。因此，如何在满足多样化热线需求的同时，解决咨询需求的集中性问题，是当前需要关注和解决的重要问题。

就诉求人来说，企业与市民有所不同。市民可能会通过打电话咨询、寻求问题的解决，但企业的问题往往涉及众多部门，不是打个电话就能解决的。

就诉求议题来说，回应企业诉求，并不是一个简单的问题。与个体公民不同，当企业遇到问题并提出诉求时，需要的不是安慰性话语，而是真正解决问题。如果不解决问题，企业就会面临生存危机。因此，能否真正解决企业面临的问题，是政务热线面临的一大挑战。

就被诉求人来说，企业提出的问题多元，有些问题甚至是政府部门从未听过的。在这种情况下，如何回应这些问题，就成为政府面临的难题。总体来看，经济部门在政府部门中仍然占据强势地位，是企业诉求的主要对象。如何回应这些诉求，如何平衡政府部门之间的差异，是值得关注的问题。

就处理人来说，热线中心管理人员和话务员面临的挑战较大。与回应市民诉求不同，涉企问题往往更加多样和复杂。这就对热线中心管理人员和话务人员提出了更高的要求，他们需要从综合走向专业，与此同时，热线中心需要建立知识库，为管理人员和话务员提供知识支持。

（二）制定涉企政策，优化营商环境

与市民服务相比，涉企问题显得尤为复杂，而涉企政策也有一些显著特征。

首先，涉及面广、"有关部门"多。与人的生命周期一样，企业的全生命周期同样漫长，涉及创立、运营、可能的破产等许多环节。而且企业涉及的问题非常多，不仅包括经济问题，还包括社会、政治和文化等问题。因此，需要更加全面、细致地考虑涉企政策的制定和实施。

其次，专业性强、门槛高。与公民个体的问题相比，企业问题的专业

性较强，特别是进出口、跨境贸易、金融等领域的问题。因此，为企业提供服务的门槛较高，同时具有很大的挑战性。

再次，属地性强。政策的变化和差异会给企业带来许多问题，"一地一策、一企一策、一市多区/县"现象多见。与此同时，涉企政策调整快。疫情期间，政策调整带来的挑战尤为明显。政策的变化频繁，企业需要不断适应。很多政策可能出台了，但是企业无法执行，这些挑战都非常严峻。

最后，利害攸关性强。政策会影响企业的生死存亡，涉及亿万资产和千家就业。如果有政策支持，企业就能继续生存；如果没有，企业就可能面临倒闭。例如，对于跨境贸易政策，加征15%的关税，就意味着宣告企业的死亡。因此，政务热线服务企业与服务市民同样重要，只是难点有所不同。

（三）优化营商环境：政务热线如何有为和有效

优化营商环境，政务热线需要发挥独特作用。在政务热线与营商环境优化的关系方面，过去对企业重视不够，虽然有政务热线，但是没有将其做大做强、做好做优。特别是在人员配备、资源支持和领导重视等方面，还有很大差距。因此，需要进一步探讨如何打造政务热线品牌，使其成为优化营商环境的抓手。

从政务热线服务企业的角度来看，当前企业诉求满足面临诸多挑战，包括确定由谁提出诉求、提出什么样的诉求、向谁提出诉求以及如何处理诉求。这些方面的问题都突出了政务热线的转变，正从方便人民转变为更加注重企业利益。在优化营商环境方面，政务热线可以发挥重要作用，如收集和满足企业咨询与诉求等。

政务热线在涉企政策制定过程中能够发挥积极作用。一是采纳企业意见和建议，推动政策设计优化。政务热线收集来自各方的意见和建议，为政策制定提供重要参考。二是达到"秒懂"的效果，帮助政府部门使用企业看得懂的语言起草文件和制定政策。政务热线可以作为沟通桥梁，确保政策意图的准确传达，解决政策语言过于专业或晦涩的问题，帮助企业和民众更好地理解和接受政策。

在惠企政策落实方面，政务热线可以反映政策落实情况，监测和督促政策是否落实到位和直达企业。如果政策出台后没有企业或民众通过政务热线提出咨询或诉求，那么可以认为该政策的影响力有限，需要进一步关注和改进。因此，政务热线可以作为衡量政策落实情况的重要指标，为政策制定者和执行者提供重要参考。

在营商环境评估方面，通过政务热线可以获知企业的满意度和获得感，这是评估营商环境的最佳方式。因此，通过政务热线评估政策效果，也是一种非常重要的方式。这种方式可以借鉴以往的经验。例如，国家发改委通过政务热线开展营商环境评估工作。虽然目前各地政务热线的运作模式和体量不具有可比性，但是未来有望通过这种方式更好地评估政策效果，促进政策优化和改进。

三　结论与启示

（一）涉企部门如何利用企业大数据

首先，沟通渠道的集约化与联动。当前，涉企部门的咨询电话较多，需要基于政务热线进行指导和整合。想进一步做到一个窗口对外，政务热线就要与涉企部门联动解决企业诉求。这有助于解决企业弄不清楚联系谁的问题，避免出现这样的情况："我已经打了很多个电话了，终于找对部门了！"

其次，涉企大数据的互联互通和开发利用。企查查、天眼查等第三方数据企业的启示在于，政务热线可以探索"政府数据＋社会利用"模式。为了更好地服务企业，政务热线必须与企业开展紧密合作。至关重要的是，收集企业大数据并利用这些数据，更好地服务相关企业。

再次，企业画像与精准服务。基于企业唯一代码，收集各职能部门的企业数据。经过"放管服"改革，我国每家企业都只有一个身份代码，这使数据收集变得相对容易。以前一家企业拥有多个身份代码，包括统计代码、组织代码和纳税代码等，而现在只有一个编号，这为数据的集中管理和评估提供了便利。我们能够对企业群体进行刻画，绘制其产业带、供应链、企业集群等方面的图谱。比如，佛山市税务局通过税务数据为企业提供服务，为政府决策提供支持。政务热线数据可以更好地服务企业和政府部门。一方面，政府需要将企业数据与热线数据进行对接；另一方面，政务热线反馈可以为相关部门提供更准确的服务方向。

最后，变被动为主动，主动呼叫企业。从应答式的"请问有什么可以帮你的吗"走向依托数据主动识别僵尸企业，使涉企服务能够提前响应，是优化营商环境的关键所在。政府部门通过分析数据，可以发现企业在经营过程中面临的问题和挑战，并将这些信息反馈给相关部门，为他们提供更准确、更个性化的政策支持。与此同时，数据挖掘和分析有助于发现新的商业机会和政策优化方向，为政府和企业提供更全面、更深入的决策支持。

（二）政务热线发展与营商环境优化的未来展望

基于营商环境优化提出的新要求，政务热线可以更好地提供服务。当下，讨论政务热线发展与营商环境优化这一问题是极具价值的。世界银行对营商环境评估提出了新要求，意味着目前我们正处在一个新旧评估体系转换的特殊阶段。北京、上海等地已纳入新的评估体系，并加入了企业抽样调查等一系列新方法。然而，企业抽样调查方法存在一定的不确定性和不可控性，给评估工作带来了挑战。过去只需填写问卷或执行特定行政程序，就可以对政策效果进行评估，而现在需要深入企业，听取它们对营商环境的反馈。企业反馈的链条是非常长的，对于优化营商环境和政府参与评估来说也是巨大的挑战。因此，我们需要认真思考如何更好地适应这一变化，更有效地利用企业调查数据促进营商环境优化和经济高质量发展。

基于上述讨论，政务热线的定位与模式也需要不断调整与优化，以更好地服务企业，助力营商环境优化。例如，可以设立企业服务专席和部门专家座席，更加专业地服务企业咨询和回应企业诉求。

便民与利企之间存在双向互动关系，民生问题是营商环境的重要组成部分，而涉企问题也会影响民生。事实上，政务热线发展与营商环境优化紧密相连，两者之间存在交互影响的关系。一方面，政务热线的反馈可能揭示出企业存在的问题。比如在预付卡问题上，当企业出现问题时，最终的受害者是购买预付卡的市民。在这种情况下，政务热线的反馈实际上间接反映了企业的问题。另一方面，企业存在的问题也可能影响到政务热线。比如，在农民工工资拖欠问题上，企业的问题会立即引发公众的关注和反馈，而这就是政务热线可以发挥的重要作用。

未来应当更加重视优化营商环境的政务热线发展方向，关注政务热线在营商环境优化中的战略地位。在战略层面重视与推进政务热线发展，不仅要将政务热线视为营商环境优化总体布局中的一部分，还要从评价和监测两个角度考虑其作用。

在营商环境评估中，可以纳入政务热线数据。

首先，政务热线可以提供营商环境评估所需的关键数据。通过主动调查企业来获取数据的成本高昂，而从政务热线获取数据则更加及时、真实且有代表性。

其次，通过政务热线可以实时监测和评估营商环境的整体状况。例如，可以通过分析政务热线的诉求数量和性质，来了解企业在不同阶段所面临的问题和挑战；可以通过政务热线评估营商环境，将政务热线与营商环境优化相结合，这不仅有助于更全面地了解和评估一个地区的营商环境状况（如政府部门的响应率、解决率、满意率等），还可以为优化营商环境提供策略和方向。

最后，加强政务热线－营商环境研究。从较多关注政民互动到重视政企互动，意味着要加强政务热线－营商环境研究。研究政务热线与营商环境的互动关系，可以更好地理解一个地区的政商关系状况，进而制定更加精准的政策和措施，以优化营商环境并推动新型政商关系的构建。

政务热线数智化转型驱动数字政府建设

孟天广　赵金旭*

2020 年，党的十九届五中全会提出要把数字政府建设作为推进国家治理现代化的重要抓手，数字政府建设在《中华人民共和国国民经济和社会发展第十四个五年规划和 2035 年远景目标纲要》中得到进一步强调。作为政务服务的"总客服"，政务热线正在成为驱动数字政府建设的重要引擎之一。由此，政务热线承载了新的使命，不仅服务于基层治理和营商环境建设，而且服务于政府数字化治理体系建设。

下文将从三个方面展开介绍。首先，深入探讨政务热线在数字政府建设中的引领作用。在数字政府建设的众多项目和功能中，政务热线以其卓越的表现和普及程度，成为百姓日常生活中最为亲近、最具体验感的数字政府应用。其次，全面分析政务热线数智化转型的现状，包括当前的发展水平、数智化转型过程中的突出成果以及新技术迭代带来的潜在机遇。最后，深入探讨政务热线数智化转型的路径和新思路，提出具体的方案和建议，进一步推动数字政府建设进程，以更高效、更便捷的方式为广大公众提供服务。

一　政务热线引领数字政府建设

（一）为什么要加快数字政府建设

当前，我们正处于人类历史上两次伟大革命的交汇点。其中，第一次

---

* 孟天广，清华大学社会科学学院副院长、数据治理研究中心执行主任、长聘教授。赵金旭，山东大学法学院（威海）研究员，清华大学数据治理研究中心特聘研究员。

革命是正在经历的第四次工业革命，这是一场引领 21 世纪人类社会进入数字化和智能化阶段的革命。新一代数字技术和智能技术的快速迭代，已广泛应用于政治、经济、社会等各个领域，推动整个社会迈向加速度发展的时代。在此背景下，全球都高度关注数字技术和智能科技革命的发展，因为它们给人类社会带来了新的机遇，正如普罗米修斯之火为人类文明的发展所做出的巨大贡献。普罗米修斯之火使人类得以享用熟食，促进了脑容量的增加和大脑结构的复杂化，极大地提升了人类的智力水平。同样地，数字技术是推动人类文明发展的第二次重大机遇。因此，众多政治家、科学家、哲学家对智能技术寄予厚望，希望通过科技革新解决资源枯竭、气候变暖、社会矛盾和冲突加剧等人类发展的难题。

同时，从 2013 年开始，我国"第五个现代化"启程。继 2012 年中共十八大提出"新四化"之后，习近平总书记在党的十八届三中全会上将全面深化改革的总目标设定为"完善和发展中国特色社会主义制度，推进国家治理体系和治理能力现代化"①，国家治理现代化成为重要议题。实现国家治理现代化，主要有两条路径：一是制度驱动，通过党政机构改革、省域/市域治理现代化来调整制度、优化机构；二是科技驱动，利用大数据战略和人工智能战略，以新兴科技驱动政府治理能力的提升以及治理结构和治理流程的优化。

制度驱动与科技驱动相融合，构成了政府推进数字化转型的主要路径。政府数字化转型的动力来源于两个方面。一方面，数字技术"赋权"社会。市场和社会拥有更多的机会、更多的渠道、更低的成本、更直接的途径与政府进行互动，向政府提供信息、表达自身诉求。另一方面，数字技术"赋能"政府。来自社会和市场的诉求信息对于政府来说是宝贵的智力资源，政府可以收集数据、处理数据。用数据来理解经济社会运行，用数据来识别自身的治理失灵或者社会风险信号，有助于推进政府的科学精准决策，帮助政府实施更精准的考核评价，从而显著提升政府的决策能力、施策能力、评估能力，带来治理能力的整体提升。

---

① 《中共十八届三中全会在京举行》，http://politics.people.com.cn/n/2013/1113/c1024 - 23520857.html，最后访问日期：2024 年 4 月 9 日。

（二）为何政务热线引领数字政府建设

政务热线的技术转型过程映射和投射了数字政府发展路径。不管是政务热线还是数字政府，都在经历从早期电子政务（e-Government）阶段（强调信息化系统、自动化办公系统的建设和信息公开）到现在数字政府（d-Government）阶段（强调建立依数感知、用数认知、循数决策、依数施策的数字政府治理体系）的转变。在数字政府建设体系下，政务热线的功能得到强化。过去，政务热线是"传感器""总客服"，主要功能是帮助政府感知社会对政府的反馈；现在，政务热线成为"总枢纽"，既可以指挥政府内部各个委办局，也可以为党委、政府出谋划策。这实际上是热线功能的巨大转变。

随着通用人工智能技术的快速发展，政务热线积极地与产业基地相关技术进行融合。这导致政府数字化建设逐渐进入整体智治、众智共治的智慧政府（i-Government）阶段，实现了政府治理的数智化转型。由此可见，从电子政务到数字政府再到智能政府，数字政府建设的发展背后反映了科技迭代趋势。未来，政府需要做好智能化转型的心理准备、基础设施准备和制度机制设计准备。

第一，我国数字政府建设不断创新迭代。2023年恰好是我国政府信息化改革30周年，其起点是1993年朱镕基总理推动的"三金工程"。1993～2014年，我国政府信息化改革主要集中在电子政务阶段，重点工作包括在政府内部建立垂直管理系统、建设政策上网工程以及推动政府信息公开。2015年以后，随着技术的飞速发展，数字政府建设逐渐成为推动政府改革的重要力量。这一阶段推出了各种"互联网+"项目，如"互联网+政务服务""互联网+监管""互联网+督查"等。上述创新型数字化政务服务模式大大提高了政府的工作效率和公共服务水平。到2020年，随着"十四五"规划的推出，"数字化发展"这一概念被广泛提及，数字化转型和升级成为政府工作的重点。自此，所有相关术语和概念都转变为"数字政府建设"。2022年6月，国务院印发了《关于加强数字政府建设的指导意见》，充分肯定了数字化转型在政府改革中的重要作用：一方面，数字化转型是政府自身的改革,如职能转变、服务效能提升和治理能力提升;另一方面,数字化转型对经济社会高质量发展起到了引领和驱动作用。由此可见,自2015年以来,我国一直在加快数字政府建设的步伐,并将其视为实现服务型政府建设、"放管服"改革、政务服务便利化和公共服务均等化等一系列目标的重要手段。

第二,数智化升级成为数字政府建设前沿导向。自2015年以来,中共中央、国务院几乎每年都会发布一系列指导文件,专注于推动政府信息化、数字化和智能化改革。其中,许多文件都与政务热线有着高度关联,如2021年发布的《关于进一步优化地方政务服务便民热线的指导意见》、2022年发布的《关于加强数字政府建设的指导意见》《关于推动12345政务服务便民热线与110报警服务台高效对接联动的意见》《全国一体化政务大数据体系建设指南》。以上文件充分证明了政府在国家转型中发挥的引领和主导作用,同时强调了政府数字化转型对我国经济社会高质量发展的驱动作用。

2022年6月,国务院发布《关于加强数字政府建设的指导意见》,明确提出数字政府建设"十四五"期间的目标以及中长期目标。"十四五"期间,要更加完善和健全数字政府顶层设计与统筹协调机制,基本形成数字政府的五大体系框架,显著提升政府履职数字化和智能化水平,实现政府决策科学化、社会治理精准化、公共服务高效化。为了实现上述目标,各省加强了数字政府的统筹式和集约式建设。广东、浙江、贵州、四川等省份已经基本形成了数字政府建设体系,显著提升了政府履职数字化和智能化水平,在政府决策科学化、社会治理精准化、公共服务高效化方面取得了重要进展。《关于加强数字政府建设的指导意见》还指出,到2035年要建立更加成熟完备的数字政府体系框架,基本建成整体协同、敏捷高效、智能精准、开放透明、公平普惠的数字政府,为基本实现社会主义现代化提供有力支撑。这表明数字政府建设在未来将继续得到重视和加强,为推动我国经济社会高质量发展发挥更加重要的作用。

《关于加强数字政府建设的指导意见》首次提出了数字政府建设的五个价值导向,即整体协同、敏捷高效、智能精准、开放透明和公平普惠,为数字政府建设提供了明确的方向和目标。整体协同导向强调政府内部的整体性和协同性，要求在数字政府建设过程中实现条块、层级、系统之间的协同，以提高政府的工作效率和公共服务水平。敏捷高效导向强调为市场和营商主体、社会主体提供快速响应、高效便捷的政务服务，以满足社会和经济发展的需求。智能精准导向强调在数字政府的社会治理方面，要利用现代信息技术，提高治理的智能化水平，实现精准治理。开放透明导向强调政务运行过程的公开透明，以提高政府的公信力和社会参与度。公平普惠导向强调政府数字化转型的目标是服务每个人，确保公共服务的公平性和普惠性。该文件首次系统性地阐述了数字政府建设的五个价值导向，并绘制了"四梁八柱"的数字政府建设蓝图。在这一蓝图中，开放共享的数据资源体系是基础，科学规范的数字政府建设制度规则体系是核心，安全保障体系和平台支撑体系是保障和支撑，发展和强化政府数字化履职能力体系则是目标。上述体系将共同构建完善、健全的数字政府体系。

第三，政务热线数智化升级引领数字政府建设。首先，政务热线作为最具触摸感的数字政府，能够提供最直接、最广泛的数字化体验。在政务热线中，老百姓可以切身体会数字化转型所带来的便利和高效。其次，政务热线是最具获得感的数字政府。通过直接帮助老百姓解决问题，政务热线展示了数字政府工程项目的实际效果。虽然许多数字化项目更多地在后台建设落地，但为老百姓解决问题的政务热线始终站在前台，成为直接与老百姓进行沟通的桥梁。再次，政务热线是最底线保障的数字政府。尽管新的通信手段（如网络、社交媒体等）不断涌现，但电话仍然是使用率最高的沟通渠道。电话的门槛低，覆盖面广，可以接触到基层群众，帮助政府了解和解决他们的诉求。特别是疫情期间，政务热线在最底线保障方面发挥了不可替代的重要作用。最后，政务热线是条块联动的数字政府。政务热线能够将各个条块连通起来，在政府数字化转型过程中，政务热线成为触达各个属地最有效的工具。总之，政务热线在数字政府建设中起到了关键作用，它提供了直接的数字化体验，帮助老百姓解决问题，保障了基层群众的诉求表达，并实现了各个条块的联动。

政务热线在党委、政府中扮演着"总客服"、"总枢纽"和"总参谋"的角色。作为"总客服"，政务热线采用标准化的操作流程，负责公众政务咨询、诉求表达、投诉举报和效能监督等多种业务，广泛收集各领域的社情民意，从而为公众提供全方位的服务。作为"总枢纽"，政务热线以热线为基础，向其他渠道进行扩展型整合，包括政务 APP、互联网论坛、融媒体留言板等多个入口，以及电话、互联网、复合（来信来访、短信、110、市长信箱等）和国家等多渠道，形成了综合性的服务平台。作为"总参谋"，政务热线以数据为基础，为政府决策提供辅助支持。对收集到的各种信息进行深入分析，可以为政府决策者提供有价值的数据参考，帮助他们更好地了解社情民意，制定出更为科学合理的政策和措施。综上所述，政务热线在党委、政府中扮演着重要的角色，为公众提供优质服务，促进政府数字化转型和现代化建设。

二 政务热线数智化转型的现状

（一）政务热线数智化转型的趋势及意义

技术赋能政务热线逐渐具有数字化和智能化的双重特征，呈现数智化转型趋势。目前，政务热线正处于数字化和智能化转型的双重阶段，其发展速度不断加快。过去，政务热线的数字化转型发展相对较慢，在最近的五六年间，政务热线加快了数字化转型的步伐。但数字化转型尚未完成，快速的技术迭代就已推动智能化转型的到来。数字化转型的核心在于对热线数据进行有效治理，而智能化转型则强调对数据的深度分析。我国政务热线经历了从信息化到数字化的转变，再发展到当前的智能化阶段，正在努力实现数字化转型和智能化转型的同步推进。当前，政务热线具备智能应答、智能派单、智能回访、智能质检以及辅助智能化决策等功能，提高了服务效率和质量，从而能够更好地满足公众的需求。

新兴技术将推动政务热线数智化转型进一步深化。例如，利用 ChatG-PT 技术，能够自动生成高质量的文本回答，为市民热线提供高效、精准、个性化的服务，有效降低热线运营成本，切实提升热线质量。同时，新兴技术的应用能够提供大量自助式热线服务，形成"人人都是话务员"的格局。新兴技术的普及使人类社会在知识获取方面形成了"人人互助"的格局，这一格局同样适用于热线场景。回复市民的各类咨询，帮助市民查询政策、法律法规等政府公开信息，向市民介绍行政服务的指南和流程，以及为市民提供关于环境保护、食品安全、交通出行等方面的信息，可以满足市民对及时性、个性化、全天候、自助式热线服务的需求。

政务热线数智化转型对数字政府建设的意义重大。首先，通过整合资源，政务热线数智化转型能够提升数字政府的协同联动能力；其次，通过创新治理模式，政务热线数智化转型有助于提高数字政府的风险防控能力；再次，通过优化政民互动形式，政务热线数智化转型可以提高数字政府的政务服务能力；最后，通过重塑服务流程，政务热线数智化转型能够提升数字政府的督办考核能力。

（二）政务热线数智化升级成为数字政府建设的新引擎

在数字化转型的浪潮中，政务热线作为公民参与和政府沟通的直接渠道，已成为引领和驱动数字政府建设的关键力量。政务热线的数智化转型不仅是技术革新的体现，而且是政府服务模式创新的前沿。通过政务热线，政府可以实时捕捉社会脉动，响应公众需求，实现决策的民主化和精准化。

政务热线的数智化升级经历了四个系统性迭代阶段。第一个阶段是事务层，此时热线主要采取"一事一议"的方式，行使接听、派单和处理的功能。第二个阶段是评估层，热线强调反馈、排序和奖惩的功能。第三个阶段是决策层，这一阶段主要利用数据进行分析，为政策制定提供科学精准的辅助支撑。第四个阶段是智慧层，在这一阶段，热线不仅行使原有的功能，而且引领并推动政府进行改革，转变认知、创新政府经营模式，并促进政府自身的改革。最终，热线功能实现了从处理单一诉求到解决治理难题的转变。

随着技术的变迁，政务热线自身数智化转型呈现离散式和平行化、集成式和总台化、融通式和智慧化的特点（见图1）。在电子政务（e-Government）阶段，政务热线表现为离散式和平行化。进入数字政府（d-Government）阶段，政务热线所经历的集成式和总台化转型，显著提升了政府治理的协同效率。通过整合集不同服务渠道于一体的政府服务平台，政务热线成为政府职能转型的核心，确保了信息的畅通无阻和资源的有效配置，为数字政府的建设奠定了坚实的基础。进入智慧政府（i-Government）阶段，政务热线的融通式和智慧化特征将数字政府的理念推向了高潮。其中，融通式是指未来政务热线不只是政府办热线，而是社会与政府一起办热线，每个人都能成为热线接线员，搭建融通式和智慧化平台。政务热线不再是单向的服务通道，而是演化为全社会共同参与的平台。这一变革使每位公民都有可能成为解决问题的一部分，为政府治理提供了海量的数据资源和智慧支持。政务热线因此成为提高政府透明度、提升治理效能、加强民主参与的重要工具，引领数字政府向更高水平的智能化和精细化管理迈进。

综上所述，政务热线的数智化转型不仅反映了技术的进步，而且体现了政府服务理念的革新。政务热线作为变革的前沿，不仅推动了政府服务模式的转变，而且促进了政府与公民互动方式的根本变革，引领了数字政府建设的发展方向。

图1 政务热线引领驱动数字政府建设

三 政务热线数智化转型的路径

（一）政务热线数智化转型的环节创新

在政务热线数智化转型过程中，接诉、办理、评估、治理等环节均面临挑战（见图2），这也是政府改革创新的突破点。借鉴以美国311热线为代表的国外政务热线数智化转型措施，如多渠道接入、推广智能机器人、数据分析和预测研判、数据开放等，可以发现，其与我国政务热线数智化转型规律高度相似。现阶段，政务热线数智化的核心组件包括智能问答机器人、智能话务助手、辅助派单系统、智能回访系统、智能质检系统、智能督查督办系统、热线知识库、标准化考核体系、数据驾驶舱以及数据分析报告等。上述模块的应用，一方面可以为政府提供常态化治理支持，如优化营商环境、提升交通管理水平、改善教育管理状况、强化社区服务能力等；另一方面能在疫情、自然灾害、突发事件等紧急情况下，为政府提供有效的应急性治理支持。

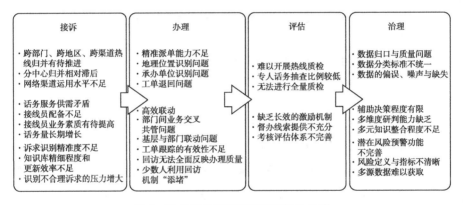

图2　政务热线数智化转型面临的挑战

（二）政务热线数智化转型关注维度

政务热线数智化转型具有多种不同的类型，每种类型都有其独有的特征。目前，可以从两个维度来审视政务热线数智化转型。第一个维度关注政务热线数智化转型的主要驱动因素是技术还是知识。知识驱动强调对政务热线及政府运作的专业化知识的掌握，而技术驱动则突出对前沿技术的运用，有时可能需要进行去知识化处理。第二个维度关注政务热线数智化转型的主要应用方向是用于加强政务热线自身建设还是推动政务热线数据治理（见图3）。

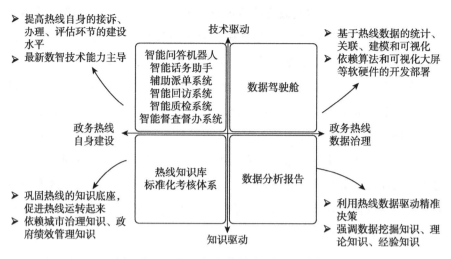

技术驱动

> 提高热线自身的接诉、办理、评估环节的建设水平
> 最新数智技术能力主导

智能问答机器人
智能话务助手
辅助派单系统
智能回访系统
智能质检系统
智能督查督办系统

数据驾驶舱

> 基于热线数据的统计、关联、建模和可视化
> 依赖算法和可视化大屏等软硬件的开发部署

政务热线
自身建设

政务热线
数据治理

> 巩固热线的知识底座，促进热线运转起来
> 依赖城市治理知识、政府绩效管理知识

热线知识库
标准化考核体系

数据分析报告

> 利用热线数据驱动精准决策
> 强调数据挖掘知识、理论知识、经验知识

知识驱动

图3　政务热线数智化转型路径与数智化应用

（三）政务热线数智化的实践情况

从全国实践来看，目前政务热线数智化的需求高度同质，但是不同层级和不同类型城市的政务热线数智化存在差异。首先，不同层级的政务热线数智化需求重点不一样。例如，省级热线侧重于跨地市的监督和考核，因此其话务员配置通常非常有限；地市级热线的数智化转型最为丰富和全面，广泛涉及接听、办理、审核、回访等各个业务环节的智能化；而区县级热线则侧重于赋能基层治理，打通服务群众的"最后一公里"，热线系统直接联系到社区和网格员。其次，不同类型城市的政务热线数智化发展程度存在差异。例如，东部沿海城市和大城市对政务热线数智化转型的需求更为迫切，投入的资源更多，对诉求办理考核结果的重视程度也更高。相比之下，中西部城市投入较少，对热线接通率甚至没有硬性要求，考核结果的影响力也较为有限。此外，场景的异质性也会对政务热线数智化转型产生影响。常态化场景下政务热线有较好的基础和运行能力，而应急场景下政务热线的运行韧性面临较大挑战。

（四）政务热线数智化转型中的挑战

当前，政务热线数智化转型的推进受到多方面因素的制约，包括技术应用有待提升、政府部门认知有限、热线行业标准缺失以及客服团队能力不足等。同时，市民对技术替代的接受程度也存在差异，尤其是对"冰冷的"机器抱有戒备心理。例如，疫情期间，许多城市都在纠结是否应该上线智能防护系统，上海最终决定保留更多的人工客服，北京也讨论过类似的问题。在政务热线数智化转型过程中，对"有温度"的热线的关注是必不可少的。例如，开放热线数据一直是一个难题。政务热线需要向社会和智库开放部分数据以开展研究，从而更好地发挥自身的社会作用。开放热线数据可以增进社会对政务热线的理解和研究，提高政务热线的透明度和公信力，同时可以为政策制定者和研究者提供更多数据支持。

（五）政务热线数智化转型的对策建议

第一，加强政务热线数智化发展的顶层设计和统筹规划，以解决发展不充分、不均衡的问题。这需要国家层面或省级层面的规划引导，确保各地区均衡发展。第二，开发政务热线全过程数智化知识库，通过技术赋能和赋权，提升政务热线服务的质量和效率。第三，探索建立政务热线数智化发展的评估标准和相关技术标准，通过示范引领和激励引导，推动政务热线服务的规范化和标准化。第四，提升政务热线数智化运行管理和智能决策水平，发挥政务热线的牵引和精准决策作用。第五，提高"政务热线人"数字素养和业务能力水平，激发人力资源的创新潜力，推动政务热线服务的持续创新和发展。

政务热线引领数字政府建设

——基于北京市接诉即办改革的思考

赵金旭　常　远[*]

一　数字政府转型与改革的提出

（一）数字政府建设愿景与"四梁八柱"体系

在数字化转型过程中，数字政府发挥着至关重要的引领和主导作用。这种作用直接影响政府的决策过程，对提升基层治理效能具有深远意义。同时，数字经济的发展是数字化转型的基础和动力源泉，它推动了全国数字产业化和产业数字化的转型进程。数字社会建设确保了发展的普惠性，为数字化转型注入了源源不断的活力。数字政府、数字经济、数字社会三者相互驱动、相互影响，形成了一个以数据治理为基础的政府－经济－社会三维数字生态框架。

"数字政府"这一概念经历了不断演化的过程。在数据治理1.0阶段，电子政务（e-Government）的关键词主要为办公电子化、文件数据化、联通网络化、服务便利化；在数据治理2.0阶段，数字政府（d-Government）的关键词主要为数据系统化、决策数字化与施策精准化；而在数据治理3.0阶段，数字政府的智慧化程度不断提高，智慧政府（i-Government）强

---

[*] 赵金旭，山东大学法学院（威海）研究员，清华大学数据治理研究中心特聘研究员；常远，山东师范大学公共管理学院硕士研究生。

调智慧数控、全员参与和整体智治的管理模式。

2022 年，国务院发布了《关于加强数字政府建设的指导意见》，提出到 2025 年，要更加完善与政府治理能力现代化相适应的数字政府顶层设计，统筹协调机制更加健全，构建完善的数字政府体系框架，包括数字化履职能力、安全保障、制度规则、数据资源、平台支撑等方面，以提升政府履职数字化和智能化水平，推动政府决策科学化、社会治理精准化、公共服务高效化取得重要进展。此外，《关于加强数字政府建设的指导意见》还提出到 2035 年，要建成与国家治理体系和治理能力现代化相适应的更加成熟完备的数字政府体系框架，整体协同、敏捷高效、智能精准、开放透明、公平普惠的数字政府基本建成，为基本实现社会主义现代化提供有力支撑。

《关于加强数字政府建设的指导意见》描绘了我国数字政府建设的蓝图。其中，要构建数字政府的制度规则体系、安全保障体系、数据资源体系和平台支撑体系。履职能力体系具体包括政务运行效能、政务公开水平、经济调节能力、公共服务能力、市场监管能力、社会管理能力、生态环境保护能力。数字政府建设以开放共享的数据资源体系为基础，以科学规范的数字政府建设制度规则体系为核心，以平台支撑体系与安全保障体系为支撑保障，以发展和强化政府数字化履职能力体系为目标，建立健全整体协同、敏捷高效、智能精准、开放透明、公平普惠的数字政府体系。

（二）各地政府数字发展与转型战略的提出与拓展

1. 上海"一网通办"实践

为了推动城市数字化转型，上海于 2020 年 12 月发布了《关于全面推进上海城市数字化转型的意见》，提出了"一网通办"的理念。通过整合各部门的数据并打通业务流程，"一网通办"实现了"政务服务一网通办，城市治理一网统管"的目标，贯通了 4 个行业领域（交通/商业/经济/生活）规划和 10 个市辖区规划。

2. 浙江"最多跑一次"实践

浙江于 2021 年 2 月发布的《浙江省数字化改革总体方案》明确提出，

当前的重点任务是加快构建"1+5+2"工作体系，搭建好数字化改革"四梁八柱"框架。其中，"1"是指一体化智能化公共数据平台，作为智慧化平台中枢，它将支撑各级、各系统的应用创新；"5"是指5个综合应用——党政机关整体智治综合应用、数字政府综合应用、数字经济综合应用、数字社会综合应用和数字法治综合应用；"2"是指构建理论体系和制度规范体系两套体系。该实践以政务服务大厅为基础，逐步整合并贯通各部门的数据，重塑行政流程，实现"数据替人跑"，进一步完善"最多跑一次"改革，打造"整体智治"的现代政府。

3. 广东以数字政府改革引领数字化发展

自2018年起，广东陆续发布了《广东省"数字政府"建设总体规划（2018—2020年）》《广东省人民政府关于加快数字化发展的意见》《广东省数字政府改革建设"十四五"规划》等文件，以数字政府改革为中心，驱动整体数字化转型。

（三）地方政府数字化建设与发展的类型

从总体角度来看，地方政府的数字化建设与发展主要存在两种类型。第一种类型是"第三办定位"，即党办、政办、数办。这种类型通过党的力量推动设立办公室或临时领导小组来推动数字政府建设，例如成立大数据发展管理委员会、政务服务与数据管理局，以实现渗透性赋能倡议、穿透性场景开发、通透性应用推广以及快速迭代的整体改进。第二种类型是发改委、数改委的"第二委定位"。这一类型更加依赖行政体系，更加注重顶层设计，并快速推进整体规划与督办落实，实施数字化转型的整体同质改进。

从数字化建设的实际情况来看，各地政府主要存在以下三种态度。第一种是"先知先觉"。这种态度表现为政府积极推动数字化建设，对数字化建设具有前瞻性的理解，勇于尝试新的方式和方法，积极探索数字化转型的道路。这样的政府能够抓住先机，取得领先的地位和优势。第二种是"后知后觉"。在这种态度下，政府可能在数字化建设的初期表现得相对迟缓，但一旦认识到数字化转型的必要性和紧迫性，就会加快步伐，积极推进数字化建设。尽管起步较晚，但通过快速尝试和改进，这样的政府也能取得良好的效果。第三种是"不知不觉"。在这种态度下，政府在推进数字化建设的过程中行动迟缓，数字化建设进展缓慢。尽管最终可能不得不进行数字化转型，但这种态度可能导致政府在竞争中处于劣势。

在 2020 年 10 月至 2021 年 7 月的田野调查中，研究团队发现，地方政府在数字化转型过程中主要围绕政务服务和政府决策两个核心方向展开。在政务服务方面，数字化转型的关键手段主要包括以下三种。第一，政务大厅的优化和升级。政务大厅作为政府服务的一站式平台，已经实现了"最多跑一次"等具有代表性的数字化方案，如秒系统备案、秒批秒办等，同时提供了默认审批、后置审批等便民服务。第二，虚拟化和网络化的普及。以上海的"一网通办"为例，上海的数字化转型正逐步向移动端互联网延伸，提出了"智慧终端""指尖政府"等理念，并开发了专用型/嵌入式 APP，使政务服务更加便捷、高效。第三，热线建设的创新。以北京的接诉即办改革为代表，基于热线和其他部门的数据，数字化转型正向全流程嵌入人工智能迈进，从早期的市场热线、市民热线向热线中心快点处置体系转型升级。在政府决策方面，数字化转型涉及建设应急管理中心、城市治理中心、智慧城市、城市大脑、领导驾驶舱、展示大厅等设施，实现"一屏通观统览"和"挂图作业指挥"等功能。这些措施旨在提高政府的决策效率和公共服务水平，同时提高政府的治理能力和应对突发事件能力。

（四）当前我国各地政府数字化建设的整体态势与存在问题

1. 整体态势

根据数字政府发展评估测评结果，超大城市（如北京、上海、广州）在治理方面表现突出，引领全国各地政府数字化建设。杭州和深圳的数字化建设成为创新典范，成为其他地区学习和借鉴的榜样。部分省会城市（如南京、郑州、武汉、福州等）通过对模范城市的对标学习，保持领先态势并发挥优势。这是我国当前各地政府数字化建设的整体态势。

2. 存在问题

通过深入调查，研究团队发现，我国数字政府建设在现阶段仍面临多重挑战。首先，需深入探讨政府目前在数字化转型过程中所实施的战略和采取的措施是否具有价值。其次，尽管政府已经投入了大量的资金用于技术设备和系统的购置，但是这些投入是否真正提高了政府的工作效率，是一个有待研究的问题。许多研究表明，数字化系统的应用并不总是带来工作流程的简化，有时反而会因各种复杂因素导致工作效率降低。例如，原本无须填写表格的业务，由于条块部门"碎片化"和"重复性"的信息系统延伸至基层，基层人员可能需要填报多次，这无疑增加了他们的工作负担。此外，由于不同系统间的信息孤岛效应，原本只需一次性完成的事务，可能需要通过多个系统的切换和信息的重复输入才能完成，这无疑提高了工作的烦琐程度并可能导致错误率上升，从而降低了工作效率。最后，即使当前的数字化建设能够在一定程度上提升政府工作效率，也仍需对其投入产出比进行综合评估，以确保资源投入的合理性和有效性。

此外，政府数字化建设还面临以下问题。首先，政府在数字化转型过程中往往只注重技术投入，忽视了人的参与和互动。这导致许多网站和系统成为"僵尸网站"和"僵尸工程"，缺乏实际的应用和价值。其次，政府数字化转型中存在形式主义的现象。尽管数字化工程的软硬件系统建设得非常完善，但数据并没有真正为政府治理提供应有的支持，无法释放数据红利以推动改革和决策。大部分数据仅用于展示，原本可以用于提升政府治理效能的数据变成了"静态数据"和"消极数据"。最后，政府数字化建设存在形式主义的问题。例如，一些地方借助数字政府的宣传效果，创造新概念或时髦词汇，通过会议、论坛、峰会等进行传播，其真实目标在于提高政绩，而非提高实际效率。

上述问题进一步突出了政务热线在数字政府建设中的重要性。尽管众多数字政府项目旨在发现问题，但关键在于如何有效解决问题。政务热线的雷达数据不仅有助于反映民生问题，而且具有重要的政治和治理意义，为政府提升治理效能提供了机会。挖掘数据规律，有助于发现制度中的漏洞，并通过立法来弥补这些漏洞。难以处理的工单恰好是政府改革的重点，而政务热线数据成为制度改革或立法的关键指标，这就是政务热线的价值所在。此外，政务热线的操作门槛较低，具有更强的普惠性。在当前的线上线下多维度多渠道政务服务体系中，政务热线仍然是市民群众表达诉求、寻求帮助的重要途径。

二　政务热线发展历程的逻辑认知

自 20 世纪 80 年代末以来，随着通信技术的进步和政府理念的转变，政务热线的工作重心和服务模式经历了不断调整和变迁。早期，政务热线通常拥有多条热线和多个中心，各自负责单一的事项，呈现离散式、平行化的特点。随后，各部门开始配备各自的号码，形成了由一个热线总台管理多条热线、多种事项的格局。在此基础上，政务热线逐渐演化为一个总台、一条热线提供复合事项服务的模式，形成了集成式、总台化的特点。如今，政务热线已经发展成一个汇聚多种渠道、承接综合事项的综合性平台，呈现融通式、平台化的特点。

以北京的接诉即办改革为例，我们可以看到政务热线服务的不断演进和优化。在最初的 1.0 阶段，市民通过政务热线直接与职能部门沟通，他们的诉求能够直接传达。然而，部门间职责不清，导致经常出现事务交叉处置或互相推诿的情况。进入 2.0 阶段，北京市通过党建引领、吹哨报到、街乡报告等机制，实现了党组织的统筹协调和衔接，解决了基层碎片化问题，并增强了基层政府与职能部门的互动。在这个阶段，政务热线在基层政府、市民和职能部门之间发挥了重要的桥梁作用。最新的政务热线改革从"街乡吹哨、部门报到"转变为"有求必应、接诉必办"，形成了市民通过政务热线平台间接联系职能部门的模式。这一转变不仅加强了政务热线在基层政府、市民和职能部门之间的桥梁作用，而且为党政决策提供了实时、动态的数据支持。通过热线平台汇集的数据，地方政府能够实时了解市民的需求和意见，从而做出更科学、更符合实际情况的决策。这种转变不仅发挥了数据的作用，还为后续的制度和人大立法提供了借鉴。例如，某位全国人大北京团代表的议案就参考了政务热线的民意调查结果，而人大代表和政协委员参与立法也需要听取广大人民的声音，政务热线在一定程度上就代表了广大人民的声音。尽管政务热线在政府决策和国家政策制定中发挥了重要作用，但也面临着巨大的挑战。在持续优化服务的同时，政务热线还需要不断创新和拓展其应用范围，以满足日益复杂和多元化的社会需求。

三　政务热线发展的新需求与新挑战

热线平台不仅要接听市民的电话，向属地政府报告工作，还要与各职能部门进行对接，同时要完成接听派单和数据分析的任务。如今，政务热线已经不再是被动的弱势部门，而是成为联结其他政府职能部门的"总枢纽"、"总客服"和"总参谋"，这为未来的热线发展指明了方向。作为"总枢纽"，政务热线汇集了多个入口（包括多个政务 APP、互联网论坛、融媒体留言板）和多种渠道［电话渠道、互联网渠道、复合渠道（来信来访、短信、110、政协等）和国家渠道］。作为"总客服"，政务热线的重要性不仅在于接听电话，而且在于传递情感与温度。它是政府与社会接触的前沿阵地，需要承担党群工作、思想工作和社会情绪的疏导任务。作为"总参谋"，政务热线数据可以为党政决策提供支持。然而，当前面临的主要问题是无法从海量的数据中提取出真正能够协助领导决策的信息，这使有效的数据分析难以进行。虽然制作漂亮的数据表格并不难，但难点在于如何理解表格背后的价值。深入理解数据的内涵和意义，需要融合多学科（包括统计学、计算机科学、公共管理学、经济学等）的专业知识。只有这些领域的专业人士能够弄清楚数据背后的含义，真正理解复杂的社会治理问题。因此，为了更好地发挥热线平台的作用，应加强相关人员的培训和学习，提高他们的专业素养和分析能力。此外，还应加强对数据的采集、存储和分析技术的研究，提高数据的质量和可靠性。这样做的最终目的是更好地服务市民、提高政府治理水平和推动社会进步。

四 政务热线数据的感知与分析

（一）关注重点

目前，政务热线的关注点已经转向整体感知，即政府对跨区域、跨层级的社会的整体感知。这种整体感知包括中央感知、省域感知、市域感知和基层感知多个层面。例如，通过对山东省每年约 1 亿条政务热线数据进行分析，并对每条数据打上标签，发现政务热线数据能够深入山东省内的每个镇、乡、村，具有极强的穿透力。这种深度分析使中央和省级政府能够掌握诸如村民选举、上访、土地纠纷等细微问题，并达到前所未有的透彻程度。这不仅有助于政府更好地了解基层情况，还能够为政策制定和执行提供更加科学、更加准确的数据支持。

然而，这种整体感知在带来巨大机遇的同时，也引发了一系列新的挑战。不同层级政府间的传统职能界限在一定程度上被打破，导致基层政府在应对上级考核方面承受了巨大的压力。在北京市的基层调研中，基层政府因排名制度的实施而面临巨大的压力。在排名制度实施之前，北京市级政府难以对镇街层面进行有效管理。然而，排名制度实施后，北京市级政府可以直接督办到区、镇两级政府，这使基层政府需要将更多的精力和资源用于应对上级考核，无法充分履行其他业务职责。这种情况可能导致基层政府的工作效率和公共服务质量下降。

在过去的政府治理中，政府习惯采用总量控制的模式，即中央制定一个总体目标，然后省级政府会相应地制定自己的目标，并逐级下达。然而，这种模式存在一些问题，尤其是基层政府如何有效地实现这些目标的问题。基层政府通常会优先关注日常工作和各种数字指标的完成情况。但是，随着数据透明度的提高，上级政府现在可以更精准地预测并分配任务给基层政府。因此，总量控制模式已经逐渐转变为目标管理责任制，实现了点对点的精准施策，这使政策能够更深入地穿透到基层政府并得到有效执行。

那么，如何对国家治理、省域治理、市域治理和基层治理进行准确定位？从中央到地方，政府层级的关系可以这样理解：中央和省级政府应该发挥战略性的作用，制定全局性的政策和规划，引领发展方向；省级和市级政府作为联结中央和基层的枢纽，应该起到承上启下的作用，确保政策的有效执行，同时根据实际情况进行资源调配和策略调整；区县政府要直接面对公众和企业，提供各种公共服务，它们是政策落地和执行的关键环节；最基层的街道、乡镇政府则要投入一线工作，直接处理各种问题，发挥处置性的作用。这样的定位能使各级政府更好地履行职责，提高治理效能。

随着数字政府的发展，治理工具发生了转变，由传统的强制性手段向自愿性、混合性和强制性手段相结合的方式转变。同时，治理资源包括算法、算力和数据各方面资源，得到了统一整合，实现了更高效的利用和管理。治理功能也实现了宏观与微观的协调互动，形成了新的战略型、枢纽型、回应型和处置型的政府治理层级模型。

（二）通用性

政务热线数据的感知与分析具有普遍适用性。它强调四个主要的感知方向，包括动态感知、深入度感知、大尺度感知以及关联度感知。这些感知方向为数据分析提供了全面的视角。数据分析的结果需要实现点、线、面、体的有机结合。例如，政府往往需要从中央到地方的多层级协同联动，结合点、线、面、体的不同维度，系统地解决问题。这种结合方式能够更全面地考虑问题，提供更深入的分析结果。数据分析还强调分层、分级和分类的类型特征。这意味着需要对数据进行合理的分类，以便更好地理解和处理不同类型的数据。最后，数据分析强调可视化，突出时空特征、发展特征，利用热力图展现趋势变动，利用比较图进行属性辨识。可视化工具可以将复杂的数据以易于理解的方式呈现出来，帮助决策者更好地理解数据背后的信息和趋势。

（三）专用性

政务热线数据的感知与分析在政府治理中具有自身的应用特性。政府治理层级可以深入下一级，即在省域层级下，省级治理可以进一步渗透到市、县（区）层级，从而突出区块、板块的功能和重要性。在市、县（区）层级下，市、县（区）治理可以穿透到街道、乡镇层级，突出团组、组块的功能；在街乡镇层级下，街道、乡镇治理可以进一步渗透到小区楼宇，从而突出问题点位的功能和重要性。这种层级穿透能够更好地了解和掌握基层情况，提高政府治理的针对性和有效性。

政务热线数据的感知与分析在不同层级的政府治理中具有不同的应用和侧重，可以分为中央感知、省域感知、市域感知和基层感知。同时，根据感知的对象性特征，可以分为民情感知（如危难事、困难事等）和民意感知（如烦心事、揪心事等）。从感知属性层面来看，不同层级的精准化感知正在向动态感知、大尺度感知、深入度感知和关联度感知转变和升级。此外，感知的工具特征也正在从物感（物理属性）向人感（情感属性）转移。

数据分析技术在政务大数据中具有重要作用，专有政务大数据分析技术包括聚类分析、智能归类、数字地图、数据图解。这些技术具有不同的应用场景：聚类分析可用于建立专用指标体系，智能归类用于对原始工单数据进行归类，数字地图用于明确民情诉求点位，数据图解用于实现政务数据可视化。数据分析的周期与政策出台的周期具有一定的相似性。政策出台通常包括议程设置、政策决策、政策执行、政策评估等环节，而数据分析的研究方法和技术路线则包括现状评估、形势研判、问题诊断、总体思路、对策建议等步骤。具体而言，数据分析通过对取得成就、问题短板、政策效果、公众诉求进行分析评估现状，结合不同历史时期城市功能的特点、主要矛盾的变化和政策环境的影响进行形势研判，从而形成问题诊断。由于社会问题的多样性、复杂性和历史性，政策出台需要在形成理念共识的基础上，建立体制机制，形成技术支撑。总体思路指的是高层次的指导思想、道路方针、顶层设计、路线规划；对策建议则包括实践经验、学理分析和国内外经验。通过运用这些技术和方法，数据分析能够为

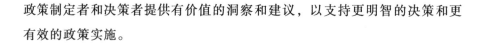

政策制定者和决策者提供有价值的洞察和建议，以支持更明智的决策和更有效的政策实施。

（四）报告体系

报告分为三种类型：常规报告、总结报告和特需报告。常规报告包括日报、周报、月报和季报，日报强调实时性和变动性，周报更关注变动性和指向性，月报则具有一定的深入度，季报开始注重大尺度。总结报告包括半年报和年报，半年报重点关注深入度和指向性，需深入分析半年内的典型问题，年报则关注半年报或季报的问题，还要了解这些问题之间的关系，分析一整年报告反映的社会治理总体动态，以及这些动态与国家政策导向之间的关系。特需报告（如疫情专报）注重实时性和深入度。

日报的主要定位是常规性感知评估报告，它基于政务服务大数据系统，每日提取群众诉求信息，围绕群众诉求热点和突发事件进行数据分析，以辅助领导实现对省情民生的动态感知。日报的基础结构包括对当日整体情况的分析、当日典型问题的呈现、当日核心问题的跟踪以及对前几天的重点案例问题的跟踪评估。周报与日报的定位、特点和基础结构相似。月报是常规性诊断分析报告，其特点和价值在于运用大数据分析方法，基于群众诉求数据进行总体评估，并进行环比和同比分析。月报在了解社情民意现状的基础上，对未来的诉求民情热点进行预测和研判，最终基于预测数据分析形成相应的政策建议。经过一段时间的实践，需要专注于制作专报，专报对一个月或几个月内的重点问题进行深入研究。此外，还定期制作季度报告，主要对季度的总体情况、办理情况、研判预警和问题诊断进行分析，侧重于问题的深度挖掘。为了提高工作效率和质量，周期性报告已经实现了系统化自动生成。专报基于党委、政府领导回应民情民意的施政理念，会同受托单位深度研讨与协商，确定每期专报主题，并运用大数据分析方法，结合深度访谈和政策文献研究推行。专报基于群众诉求数据的总体评估、环比同比分析、回访数据解决率和满意率分析等，综合把握市民诉求热点、难点、堵点，并运用预测模型展开研判，提出相应政策建议。专报以服务政府决策需求、纾解群众急切诉求问题为最终考量。专报是现在的重点工作，对立法起到支撑作用，更多的是一些配套性的、各个领域的细分问题的立法。

在数据分析、问卷调查、深度访谈和统计分析的基础上，年报对省市社情民意的主要诉求问题进行全面的发展态势和时空分布规律分析。同时，年报系统梳理了诉求承办主体一年的成果、经验和不足，并对地方基层治理的创新实施成效与存在问题进行综合评估。最后，年报就推进改革创新和深化改革成果提出了提纲挈领、切实有效的政策建议。对于涉及政务服务平台（如"粤省心"）改革创新评估等研究成果，年报可以转化为平台运营白皮书进行年度发布；对于涉及地方民生民情和地方典型政务服务创新等内容，年报可以转化为省域民情白皮书进行年度发布。这些白皮书不仅有助于公众了解地方民情民意和政务服务创新情况，还可以为政府决策提供参考和依据。

（五）决策辅助价值

决策辅助价值涵盖动态感知、可视化、问题诊断、经验借鉴、发现典型和对策建议等方面。其中，动态感知通过对地方治理状况的动态评估，从群众诉求和政府回访的历史数据和当前数据中，以时间序列、区域变化和潜在风险等方式进行呈现。决策辅助具备可视化特性，借助数据分析技术对群众诉求进行热点议题和区域分布差异分析，绘制动态民情地图，为识别区域治理的热点、堵点、难点提供直观的可视化数据依据。问题诊断通过运用数据分析技术对群众诉求状况进行整体分析，诊断并找出地方治理不同领域中制度和机制存在的困境。经验借鉴对国内外治理某一具体领域的创新和典型模式进行研究，通过案例比较为地方治理水平的全面提升提供借鉴思路。发现典型通过对各类型承办单位回访数据的分析以及与民情地图的关联性分析，发现群众诉求承办单位在回应群众诉求方面的典型模式，分析各地在回应时间、回应速度、回应质量等方面的差异。对策建议探讨了地方在群众诉求所反映的治理难点、痛点中如何提升治理能力、增强治理效能的路径和政策建议。

决策辅助的价值在于其关注的重点，具体概括为四个"三"，即"三全"、"三高"、"三化"和"三说"。"三全"指的是报告要进行全量、全域、全景的综合诊断。"三高"指的是报告需要针对高频、高企、高危的问题。这些问题通常是社会治理中的重要挑战，需要优先得到关注和解决。针对这些问题进行分析，可以提供有针对性的政策建议和解决方案。"三化"指的是在数据分析过程中要深化、细化和优化。这包括对数据的深度挖掘，发现其背后的关联和规律；对数据的细化分析，以更好地了解问题的具体情况；对数据的优化处理，以提高分析的准确性和可靠性。"三说"指的是用数据分析来说数、说理、说策。通过对这四个"三"进行关注重点，决策辅助可以为政府和社会治理提供有价值的信息和建议，以实现高效、科学、可持续的发展。

综合来看，政务热线数据的分析分为三个层次：顶层注重设计、高位推动和奖优惩劣，中层注重协调、监督落实和扶持创新，基层重点是压实基层、激活基层和创新基层。

（六）理论创新

1. 人居环境新认知

通过政务热线数据，我们可以建立一种对居民生活环境的新认知，即以群众为中心，打造有温度和有情感的治理。最贴近切身性的是居家环境，包括一些直接影响居民日常生活和家庭环境的因素，如施工扰民、服务水平的质价不符等。其次为社区环境，包括社区内部的安保问题、小区停车管理等。这些因素虽然不像居家环境那样直接影响居民的生活，但在社区层面，这些问题往往会对居民的生活质量产生显著影响。再次为街区环境，包括村务工作、街头游商等。这些因素可能对更大范围的居民产生影响，但相对于居家和社区环境，其影响程度可能稍弱一些。最后为城区环境和生态环境。这些因素对居民的生活也有影响，但相对于前述几种环境，其影响可能更加间接和广泛。

2. 民生问题新认知

基于政务热线数据，可以重新审视民生问题。政务热线在政府和市民之间扮演着重要的桥梁角色。从市民的角度来看，他们关注的是优质民

生、优化民生、基本民生和基础民生的需求，这些问题直接关系到他们的
生存和发展需求是否能得到满足。而从政府的角度来看，它们更加关注经
济发展、社会稳定和政治安全。当这两个视角的关注点交汇时，就形成了
一个发展保障均衡的空间，这个空间既是政府关心的，也是群众关注的。
需要明确的是，政府更注重稳定保障或安全保障，而民生则更关注兜底保
障和基本保障。在制定公共政策时，必须充分考虑到这些不同的关注点，
并寻求适当的平衡，以确保社会的和谐稳定与持续发展。

3. 治理成效新理解

基于政务热线数据，可以形成对治理成效的新理解。根据满意率和投
诉率，可以将治理成效分为四类：亮点、难点、拐点、堵点。首先，市场
管理和市政市容的投诉率低、满意率高，治理成效显著，属于治理亮点。
其次，交通管理、疫情防控、教育管理等方面的投诉率高、满意率低，说
明这些领域的治理效果尚不理想，属于治理难点。再次，行政效能、劳动
与社会保障、环境保护等领域的投诉率低、满意率高，说明这些领域的治
理效果正在逐步提升，可能预示着治理拐点的到来。最后，社会治安和医
疗服务等领域的投诉率和满意率都低，说明这些领域的治理效果尚不理
想，属于堵点问题。在分析治理成效时，需要综合考虑满意率和投诉率的
变化情况，以及各领域的特点和实际情况，从而制定出更加精准的治理
策略。

4. 12345 热线的政治学意义

基于热线数据治理，可以从政治学角度探讨 12345 热线的深远意义。在
大数据时代，12345 热线在数字政府建设中扮演着多重角色。首先，12345 热
线具备信息汇聚的功能，为政府提供了全面、及时的群众反馈信息，使政府
能够更好地了解民意和民生需求。其次，12345 热线为政府与群众之间的互
动和参与提供了平台。通过 12345 热线，群众可以表达自己的意见和建议，
参与政府决策，使政府的治理更加民主化和科学化。此外，12345 热线还为
政府提供了智能决策的依据。通过对 12345 热线数据的分析和挖掘，政府可
以更加准确地了解群众的需求和问题，对各种问题进行优先排序，从而制定
出更加科学和有效的政策。关于"技术负责"和"技术赋权"这两个概念，

可以理解为：技术向政府提供服务和支持，帮助政府更好地履行职责并提高治理效率；同时，技术赋予群众更多的参与权和表达权，使他们能够更好地参与社会治理。利用数据分析技术，政府可以在不同层面上进行决策，而这些决策往往涉及不同人群、不同阶层和不同年龄段之间的利益分割。12345热线为国家治理决策提供了一种新模式，它打破了传统的治理模式，使政府能够更加及时、全面地了解群众的需求和意见，从而做出更加科学和民主的决策。

五　走向智慧政府

总的来说，数字政府具备"以数感知""依数治理""循数决策"三大特征。"以数感知"通过数据穿透、时空穿梭、精细到颗粒的缩放，实现了全域全景、知悉过去并预见未来的感知，形成了内参报告、层级报告以及实地考察等机制。"依数治理"通过精准的任务派单、市民的反馈以及岗位绩效评估，对政府部门进行总量排序、美誉排位以及末位排名，实现了总量控制、配额指令以及一票否决等管理。值得关注的是，政府绩效考评具有独特的运作方式，是一把手负责制，是党领导小组绩效考核制。绩效考核成为中国式治理的重点，实现了从传统的"上级考核，下级眼睛向上负责"到"上级考核，下级眼睛向下负责"的转变，通过民意促使各级干部回应群众诉求，这正是"依数治理"的核心所在。"循数决策"是指通过数据分析找出难点、堵点、爆点，进行点位控制，并找出背后的制度漏洞，以辅助决策和立法，完善制度建设。数字政府的崛起突破了科层制政府的限制，实现了从"看得全、管得住、防得牢"到"看得清、理得好、治得快"的转变，最终走上智慧政府的道路。

六　北京热线改革案例分享

最后是一个清华大学数据研究中心与聊城市东阿县开展合作的热线改

革案例。这个案例具有很强的现实意义和借鉴价值。北京的热线改革在某种程度上是一种分销模式，但目前面临"中层虚化"的困境。当各部门吹哨报到时，权责没有厘清或业务流程没有打通，导致中层管理无法真正发挥应有的作用。

为了解决这个问题，北京市通过系统建设，着重厘清了"最后一公里"的权责清单。这里的"最后一公里"不仅是指集成型政府，还包括社区、村居、网格、物业公司和建筑公司等。北京市通过打破政府、市场和社会的边界，梳理了全流程的业务清单。关键的改革措施包括工单直派一线和逆向考核。工单直派一线是指热线中心直接将任务派发到相关公司的一线工作人员，逆向考核是指只要一线工作人员完成任务，就会自动给上级加分，如果任务无法完成，那么需要上级协调。这种逆向考核的方式可以倒逼事情向下压，提高工作效率。

这个改革案例的本质特征是"小事不出社区，大事就地化解"。然而，目前许多平台都是采用逐级向下分发的模式，这不仅会让每一层级的领导都感到疲劳，还会耽误时间。因此，工单直派一线通常不需要上级领导参与，只有遇到问题时，才需要派给上级领导进行协调。如果这一级领导无法解决问题，那么工单会一直往上走。这就是北京热线的模式。

这个案例展示了通过系统建设和流程优化来提高工作效率和解决实际问题的成功实践。通过厘清权责清单和打破边界，北京市实现了全流程的业务清单梳理和工单直派一线的改革措施。同时，逆向考核机制的设计有效地激发了一线工作人员的工作积极性和责任心。这些经验和做法对其他地区的热线改革具有重要的借鉴意义。

推动政务热线数据有效治理，
驱动营商环境优化

张炳剑[*]

营造一流营商环境，是实现高质量发展的重要基础环节。政务热线是营商环境信号重要且鲜活的感知来源，政务热线数据蕴含着巨大的营商环境支撑价值。推动政务热线数据有效治理，是城市现代化治理的重要组成部分，也是当下驱动营商环境优化的一个有效手段。

一 优化营商环境的重要性与实践

近年来，国家出台了一系列与政务热线和营商环境紧密相关的政策。这些政策不仅涉及政府服务水平的提升，而且是对国家治理体系和治理能力现代化的有力推动。国务院办公厅印发的《关于进一步优化地方政务服务便民热线的指导意见》明确提出，要持续优化营商环境，进一步畅通政企民互动渠道，旨在打造人民满意的服务型政府。文件强调，提高政务服务水平是实现这一目标的关键所在。《关于进一步优化营商环境降低市场主体制度性交易成本的意见》则进一步指出，优化营商环境和降低制度性交易成本，是减轻市场主体负担、激发市场活力的重要举措。为此，需要全面提升线上线下服务能力，加快建立高效便捷、优质普惠的市场主体全生命周期服务体系，并全面提高线下"一窗综办"和线上"一网通办"的

---

[*] 张炳剑，数文明研究院执行院长，数字化变革研究咨询专家，中山大学数字治理研究中心高级研究员，国家新型智慧城市咨询师，高级人工智能算法工程师。

水平。《中共中央、国务院关于促进民营经济发展壮大的意见》明确要求，要强化政策沟通和预期引导，依法依规履行涉企政策调整程序，同时设置合理过渡期。此外，还需加强直接面向民营企业和个体工商户的政策发布和解读引导。

营商环境优化是当前备受关注的重要议题，我国在实践中积累了丰富的经验。2022 年底，海南省设立了营商环境建设厅，开创了营商环境建设体制机制创新的新格局，这表明政府对这一领域工作的重视。河北省制定了建设经济强省的目标，并强调了优化营商环境的必要性，同时提出要重点抓好 12345 热线工作，以提升政务服务水平。这些举措充分表明优化营商环境对地区经济发展的重要性，并反映出各地政府对此已达成共识。因此，未来的工作重点应聚焦如何利用政务热线数据进一步推进营商环境的优化。

二 营商环境的复杂性

营商环境，尽管名字中包含"商"，但实际上远不是一个单纯的经济话题。它涉及更为广泛的领域，并需要从多维度进行审视。从数字化转型的角度出发，优化营商环境不仅与数字经济的发展、数字政府的改革紧密相关，而且是对数字社会治理能力的一次全面考验。这一复杂性包含各种错综复杂、相互交织的因素，因此，只有综合运用多种方法和工具，从各个层面进行深入研究，才能准确把握营商环境的优化方向。同时，优化营商环境是一个持续过程，需要不断适应和应对各种变化与挑战，以实现持续的改进和提升。

需要认识到，想要高效利用数据治理以推动营商环境的优化，建立一个应对不确定性的体系是不可或缺的。这个体系旨在确保当面临各种问题时，不仅能迅速解决当前问题，而且能从根本上预防类似问题的再次出现。缺乏这样一个体系，可能会陷入被动应对的困境，仅仅对各种问题进行表面的修补，无法形成规律性和可复制的模式。尽管付出了巨大努力，但成效往往不尽如人意。因此，必须考虑构建政务热线数据治理体系。通过这一体系，政府可以系统地思考如何更有效地推动营商环境的优化。这一治理体系不仅关注当前的解决方案，而且注重长远的发展和整体的效果。只有通过这样的治理体系，才能真正实现营商环境的持续优化，为地区经济的繁荣发展奠定坚实基础。此外，这一治理体系还能为企业和政府提供有力的参考和指导，帮助它们在数字化转型的背景下更好地应对各种挑战。

三　构建政务热线治理体系

基于丰富的实践经验，我们提出了政务热线数据治理体系的构建方法，并总结为"一二三四"结构。这一结构呈现自上而下的金字塔形式，越往下，内容越具体和丰富。我们将其起点称为"原点"，代表数字治理的核心理念和基础。

首先，对于"一个原点"，民生诉求是所有工作的原点，在热线工作中尤为突出。其次，为了民生诉求得到有效的满足，需要特别强调"二种思维"：用户侧思维和前瞻性思维。再次，围绕二种思维展开后，具体工作流程包括现状会诊、优化提升、信号放大这"三个工作环节"，形成一个闭环。最后，需要建立一个保障体系，形成数据支撑、制度支撑、培训支撑和交流支撑"四个关键支撑"，归纳为一个支撑体系。

（一）"一个原点"和"二种思维"

"一个原点"就是指民众或者企业的诉求，即执政为民、解决民众或企业烦心事是永远的原点。营商环境也不纯粹是企业服务问题，还是社会氛围、城市口碑的信号集成。进一步细化这一概念，可以将其分为操心事、烦心事和揪心事三个层次。

"二种思维"包括用户侧思维和前瞻性思维。

第一，利用用户侧思维促进服务有效落地。地方政府出台了众多政策，并进行了细致的分解、匹配和落实工作，为何企业仍然觉得政策支持不足？这突出了政策与企业实际需求之间可能存在的不对称问题。在与其他地区的交流中，我们注意到政府部门工作人员面临巨大的工作压力，但他们的辛勤努力并未完全转化为工作满意度或待遇的提升。这背后可能涉及视角和角色差异所产生的影响。

在之前的工作中，我们发现了一些令人深思的问题。虽然各方对企业服务的热情高涨，但整体的工作思路仍显传统，主要停留在"提供一切可能的支持"的层面上。政府构建了一个看似完善的"四梁八柱"体系，然而，暂且不论其建设成本和实际效果，可以预见的是，这样的服务体系对于企业而言并不适用。核心问题在于，政府出台的政策和提供的服务缺乏真正的用户思维，未能深入洞察企业的真实需求和痛点。供需不匹配的问题凸显，成为当前亟待解决的难题。为了更好地服务企业，政府和相关机构需要转变思维，深入了解企业的实际需求，并提供更为精准和有效的解决方案。

第二，利用前瞻性思维更好地把握发展趋势。构建政务热线数据治理体系，不仅要借鉴现有的经验和成果，还要具备前瞻性的视野，关注未来的发展趋势。这是一个庞大的系统，一旦落地建成，很难在短时间内进行大幅度的调整。因此，必须审慎考虑未来的技术趋势、政策导向和社会需求变化，以确保所构建的政务热线数据治理体系在未来仍然具有竞争力和适应性。前瞻性的思考和规划，可以为政务热线数据治理体系的可持续发展奠定坚实基础，为未来的挑战做好准备。

（二）"三个工作环节"

在当前的智能化时代，人工智能已逐渐成为引领发展的核心力量。在这样一个瞬息万变的时代中，用户侧思维和前瞻性思维显得尤为重要。缺乏这两种思维方式，我们难以在关键环节实现真正的突破。

"三个工作环节"可以用通俗的语言来描述，即现状会诊、优化提升和信号放大（见图1）。

第一步是现状会诊。在推进政务热线数据治理体系的构建过程中，需要进行客观而全面的现状评估。通过深入分析，了解当前的发展水平、所处的发展阶段，以及与国内同行和国际同行的差距。评估的内容应涵盖效能、治理和智能化三个核心维度，以确保评估结果的全面性和准确性。通过对现状的深入了解，可以明确在政务热线数据治理体系中需要考虑的国情和区域性因素，以及当前迫切需要加速发展的关键领域。这一评估将为后续的工作提供重要的参考和指导，帮助我们制定更加科学、系统和高效的政务热线数据治理策略，推动政务热线数据治理体系的持续优化和发展。

第二步是优化提升。实现这一目标，可以采用三种方式：顶层设计、过程优化和分级分类。所有的优化动作都需要有章可循，将任务分解开来，明确其属于哪一个范畴或套路，并采用有效的方法助力其落地。

优化政务热线工作，顶层设计是至关重要的第一步。这是因为热线工作具有全局性的特点，需要从宏观的角度进行统筹规划。要做好顶层设计，必须打破传统的部门壁垒，优化流程并重新定义分工。如果仅从局部或单个部门的视角出发，那么很难在推进过程中克服各种阻力。为了实现高效的顶层设计，需要站在更高的层次思考政务热线数据治理体系的构建。这不仅涉及热线本身的发展，还要考虑如何通过热线赋能营商环境的优化。例如，如何利用政务热线推动社会治理体系的建设，实现政务服务的整体升级。在顶层设计中，需要关注数据驱动和智能化技术的应用。利用大数据和人工智能等先进技术手段，可以进一步提高政务热线的智能化水平，提升工作效率和质量。综合考量全局，进行科学的顶层设计，能够为后续的执行和落地工作奠定坚实的基础，确保政务热线工作的顺利推进和持续优化。

在政务热线工作中，过程优化是实现高效服务的关键环节。深圳市坪山区在民生服务领域取得优异成绩，得益于顶层构架和整个体制的完善，同时离不开其持续的流程优化工作。为了确保过程优化的有效实施，坪山区每年都会进行一轮全面的流程审查和改进。坪山区通过设定明确的阶段性目标，进行持续滚动改进，确保每次优化都能带来明显的成效。这种持续优化的过程有助于逐步积累改进成果，最终实现质的飞跃。在过程优化中，数据驱动和智能化技术的应用至关重要。利用大数据和人工智能等先进技术手段，可以对流程进行深入分析，发现潜在的改进空间，提高工作效率和质量。通过科学分析和优化，政府可以不断提高政务热线的服务质量和效率，更好地满足人民群众的需求。

在政务热线工作中，分级分类是实现高效处理的关键要素，它体现了标准化管理的思想。热线领域涉及的事项、部门和群体极其庞杂，不同的情况之间存在显著差异，因此不能简单地采用统一的标准和方法来规范所有的事务。分级分类的核心是对诉求事项进行科学合理的分类，以满足不同用户的需求和期望。横向分级和纵向分类的方式，可以将问题切分成小单元，使标准化更容易落地。每个小单元里的问题可能具有相似的属性，如重要性、紧急性或重大性等。针对不同属性的问题，需要采取不同的对策和机制来处理。为了实现有效的分级分类，需要深入分析各类诉求事项的特性和规律，通过识别不同属性之间的关联和差异，制定出科学合理的分类标准和方法。这有助于提高政务热线工作的效率和质量，确保服务能够更好地满足用户的需求。在实施分级分类的过程中，还需要注重数据驱动和智能化技术的应用。利用大数据和人工智能等先进技术手段，可以对诉求事项进行深入分析，发现潜在的分类分级规则和模式。这有助于优化分类标准和方法，提高分类的准确性和效率。

第三步是信号放大。信号放大包括三个层次的内容：萃取经验、传播赋能、社会效应。构建政务热线数据治理体系，不仅要关注技术层面的建设，还要注重经验萃取和交叉验证等环节，以确保工作的可靠性和持续性。交叉验证是一个至关重要的过程，它涉及对建设成果的反复核查与验证，以检验其真实性和可靠性。每项成果都需要经过严格的交叉验证，以确保其与预期目标的一致性。这一步骤不仅有助于确保政务热线数据治理体系的质量，还能为后续工作提供有力的支撑。经验萃取同样重要。在政务热线工作中，应不断总结成功实践和有效策略，并将其提炼为可复制、可推广的经验模式。这些经验可以为其他地区或部门提供借鉴，帮助它们更好地开展政务热线工作。经验萃取有助于将个别的成功转化为更广泛的实践，进一步推动政务热线工作的创新与发展。此外，信号放大也是关键的一环。它涉及将成功的实践或策略进行推广和应用，以放大其在社会生活中的正向影响力。有效的信号放大可以让更多人了解政务热线的价值和作用，促进其与社会治理体系的深度融合。目前，政务热线的智能化发展仍处于初级阶段。在这一阶段，交流和传播经验尤为重要。我们需要搭建平台，促进不同地区和部门之间的交流与合作，共同探讨政务热线工作的未来发展方向。通过分享成功案例和实践经验，人们可以相互学习、共同进步，推动政务热线工作不断创新和完善，更有效地释放政务热线的社会效应。

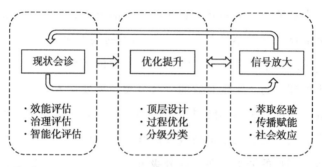

图1　政务热线数据治理体系的"三个工作环节"

（三）"四个关键支撑"

政务热线数据治理体系需要"四个关键支撑"。"四个关键支撑"不包括资金支持，因为每项工作都需要资金。

第一，在数据治理与政策制定的交汇点上，数据分析发挥着至关重要的核心作用。它不仅关乎数据的收集、整理和报告，而且涉及对数据的深度解读、模型构建和策略制定。数据分析在两个主要方向上展开。一是生成翔实、准确的数据分析报告，为政策制定提供有力的数据支撑。这要求数据分析人员具备扎实的统计和分析技能，能够从海量数据中提取有价值的信息，揭示数据背后的规律和趋势。二是进行运营分析，即对政策执行过程中的数据进行实时监控和记录。这一方向更侧重于过程管理，通过对数据的动态跟踪和分析，及时发现问题、优化流程并调整策略。运营分析的结果通常以通报、日报、周报等形式呈现，为决策层提供实时决策支持。为了充分发挥运营分析在政策制定中的作用，我们不仅要提升运营分析的质量，还要更加注重数据挖掘的深度和广度。利用先进的人工智能工具，人们可以对数据进行多维度、多层次的分析，挖掘出隐藏在数据中的价值和规律。这有助于预测未来趋势、发现潜在风险并提供准确的决策支持。在模型建设和策略制定方面，数据分析同样扮演着关键角色。构建各种预测模型和优化算法，可以对政策执行的效果进行模拟和评估，为决策者提供科学依据。同时，数据分析能帮助我们识别政策执行中的瓶颈和障碍，提出有针对性的解决方案和优化策略。

第二，在构建政务热线数据治理体系时，制度保障是重要基石。制度保障不仅涉及宏观层面的规章制度，还涉及具体操作环节的管理办法，为政务热线的稳定、高效运行提供有力的支撑。规章制度作为制度保障的核心组成部分，旨在规范组织内部的管理体系和运作流程。制定详细的规章制度，可以明确各部门的职责分工，确保工作的高效协同。同时，规章制度为工作人员提供了行为准则和操作规范，有助于提高政务热线的服务质量和效率。具体操作环节的管理办法对政务热线的持续发展同样重要。这些管理办法通常针对特定业务领域或操作环节进行细化和规范，确保各个环节之间的顺畅衔接。例如，知识库建设与管理办法规定了知识库的创建标准、更新机制和维护流程，确保知识资源的准确性和完整性；政务热线服务标准化规范化管理办法则侧重于服务的规范化、标准化和一致性，旨在提升用户体验和服务质量；政务热线数据治理优化提升管理办法针对数据治理的各个环节进行规范，确保数据的完整性、准确性和安全性；地方政务热线管理办法/条例/规章则根据各地实际情况，对政务热线的运营和管理进行具体规定，以适应不同地区的特殊需求。

第三，在构建政务热线数据治理体系的过程中，人员培训是不可或缺的一环，它对提升人员能力、确保工作质量具有重要意义。为了满足政务热线工作的多元化需求，培训内容应涵盖多个方面，包括运营管理效能提升、服务提质增效的策略与实践以及数字化建设与发展的趋势和技能等。为了确保培训的有效性，需要采用多种培训方式。传统的面对面授课方式可以系统地传授理论知识，而实践操作和案例分析则有助于加深理解和应用。此外，可以利用现代技术手段，如在线学习平台、模拟软件等，提供良好的学习体验。通过定期的异地支撑机制，人员可以与其他地方的同事进行交流和学习，以拓宽视野和知识面。在制订培训计划时，应充分考虑人员的需求和特点。不同岗位和部门的人员对培训内容的需求可能会有所不同，因此需要针对不同的受众群体制订个性化的培训方案。此外，应注重培养人员的综合素质，包括沟通协作、创新思维、问题解决等。为了增强培训效果，还应建立有效的评估机制。定期对培训效果进行评估，可以及时发现问题并采取改进措施。评估指标包括学习成果的应用情况、工作绩效的提升程度等。同时，应鼓励人员积极参与培训，并将其与职业发展相结合，以激发人员的学习动力。未来，可以进一步探索多元化的培训内容和形式。例如，可以开展跨部门、跨领域的合作培训，促进人员之间的交流与分享；可以邀请业界专家和学者进行授课，以引入更广泛的知识和经验。此外，还可以利用虚拟现实、增强现实等技术手段提供沉浸式的学习体验，以提高培训的趣味性和实效性。

第四，行业交流是促进政务热线数据治理体系持续发展和优化的重要环节。通过广泛开展行业交流活动，我们可以分享和传播政务热线数据治理体系建设的经验和成果，进一步验证实践的有效性，并激发相关领域的创新合作。行业交流活动应涵盖多个方面，以促进全方位的互动与合作。政务热线行业创新发展交流会是一个理想的平台，有助于汇集来自不同地区和部门的同人，共同探讨创新理念和解决方案。通过分享各自在政务热线数据治理方面的最佳实践和成功案例，参会者可以相互启发、拓宽视野。政务热线发展专题交流会则针对特定主题展开深入探讨。这些主题可以根据政务热线发展的热点和难点问题来确定，如数据治理策略、智能化服务、用户体验优化等。专题交流会能够吸引相关领域的专家、学者和实践者参与，通过专题报告、研讨和案例分析等形式，共同研究解决方案和创新路径。除了面对面的交流活动，我们还可以利用现代信息技术手段，如在线论坛、社交媒体和视频会议等，开展灵活多样的行业交流。这不仅可以降低交流成本，还能打破地域限制，让更多的参与者加入讨论和合作。为了提高行业交流的效果，需要制定明确的交流目标，确定交流的重点议题和目标受众，确保活动内容和参与者的需求相匹配。同时，需建立有效的信息传播渠道，及时分享交流活动的成果和收获，以便进一步扩大影响。广泛的行业交流，有助于建立更加紧密的合作关系，共同推动政务热线数据治理体系的优化和发展。共享资源、经验和知识，有助于共同解决面临的问题，并开启政务热线发展的新篇章。热线数据治理体系建设的经验和成果只有在交流中才可以进一步被验证和传播，需要广泛开展政务热线行业创新发展交流、政务热线发展专题交流等活动，以促进相关领域的创新合作。

政务热线数字化驱动城市治理现代化

范云博　毛丽丽[*]

2023 年 9 月，国务院办公厅印发《关于依托全国一体化政务服务平台建立政务服务效能提升常态化工作机制的意见》，强调加强政务热线与各问题反馈渠道对接，打造央地协同、部门联动、便捷高效的政务服务"总客服"。在国家的部署与指导下，各地政府越来越重视从政务热线这一"小切口"破题，于"细微处"用功，驱动城市治理"大变革"。但也要看到，在城市治理场景复杂、服务低效和沟通不畅的现实情况中，数据规范和标准缺乏、热线人员和设施缺位、治理技术和思维缺失等现有不足，使政务热线在推进城市治理现代化中发挥的作用受到限制。

当前，为推动城市精细化管理与现代化变革，政务热线需要从粗放建设向提质增效转变，以强化数据效能为重心，以规范制定标准化、数据治理协同化、资源投入科学化、知识体系智能化、数据隐私安全化五个方面为抓手，实现政务热线重塑城市治理的目标。

一　政务热线加快数字化转型，推进城市治理现代化

2023 年初，中共中央、国务院印发了《数字中国建设整体布局规划》，强调"以数字化驱动生产生活和治理方式变革，为以中国式现代化全面推进中华民族伟大复兴注入强大动力"。近年来，各地政府积极开展政务热

＊　范云博，中国经济信息社数字政府分析师；毛丽丽，中国经济信息社数字政府分析师。

线数字化转型的探索实践，如北京的"接诉即办"、上海的"一线通达"、成都的"一键直达"、海口的"直通联办"等，提高政务热线在感知社情民意、辅助精准施策、监测预警风险等方面的管理效能，推进城市治理方式的现代化变革。

（一）以数赋能，政务热线打造社情民意"传感器"

政务热线作为非紧急求助渠道，群众一键拨打 12345，即可基于真实性诉求，随时随地反映民生的大事小情。因此，与政府基于特定主题的行政采集相比，政务热线数据具有市民主动生成、覆盖范围广泛、打破时空限制、融合情绪表达等特征。在城市治理实践中，以数字化赋能未经加工的热线数据，进行深度挖掘与资源整合，可以从微观处更为细致地感知社情民意。

一是诉求反映可视化。人工智能、云计算等信息技术的迅猛发展，让"智慧大屏""领导驾驶舱"等新兴资源在政务热线领域广泛应用，能够将热线数据转化为多维度的图表分析，以可视化工具呈现城市各区域诉求情况。

二是民意掌握动态化。传统数据往往具有滞后性、宽泛性等问题，与城市治理及时性、精准性的要求难以匹配。而政务热线是群众实时进行问题反馈的渠道，以西安热线数字化转型中所运用的态势感知系统为例，该系统能够将热线数据呈现的民情民意，以年、月、周、日等时间节点进行纵向分析，以市级、区县、街道等空间维度展开横向比较，辅助城市动态掌握城市居民的需求变化。

三是社情分析精细化。以大数据技术为支撑，以政务热线为抓手，城市能够在治理过程中对社情进行精细化分析与感知。清华大学社会科学学院副院长、长聘教授孟天广表示，"基于热线电话数据，可以实现对特定区域的'放大'和'缩微'，更加精准地研究城市治理问题，推动重点问题予以妥善解决"。[①]

[①] 《政务热线驱动的超大城市社会治理创新——以北京市"接诉即办"改革为例》，https://www.dps.tsinghua.edu.cn/info/1114/2333.htm，最后访问日期：2024 年 4 月 1 日；《政务热线数智化发展报告（2022）》，https://www.digitalelite.cn/h-nd-5003.html，最后访问日期：2024 年 4 月 1 日。

（二）依数决策，政务热线扮演精准施政"总参谋"

通过数据感知社情民意，是政务热线参与城市治理实践的基础，如何进一步实现用热线数据决策、用热线数据管理，是政务热线推进城市治理现代化的关键。

一是以热线报告辅助城市决策。面对每天数以万计的接话量，手工统计与简单描述显然难以满足城市治理的需要。为做好城市决策的参谋助手，唐山市12345政务服务便民中心成立数据分析部，以统计分析报表系统自动进行数据汇总、筛选、提取，以热线日报、周报、月报、年报、专报为载体，对民众诉求、营商环境、办理进度等进行实时呈报与分析，打造辅助城市精准治理的"信息港"。

二是以部门协同开展合作治理。政务热线不仅是一通电话、一个平台、一种渠道，而且是推动城市治理现代化的重要枢纽。政务热线的数字化转型为信息、数据、业务的流动提供了契机，2023年以来，各地热线积极尝试与城管、环保、市监、教育等业务部门建立联动机制，探索共建共治共享的城市治理新模式。

三是以考核监督提升行政效率。政务热线以"问题导向"为特征，其数据能够监测诉求发生属地、观察问题指向部门、考核承办单位绩效。结合群众回访评价的满意率及解决率，可以对行政区域与业务部门在城市治理中的表现进行排名，强化治理责任落实，倒逼行政效率提升。

（三）用数感知，政务热线化身风险监测"预警哨"

用数据辅助决策和管理，是政务热线对当下城市治理诉求的快速回应，但面对城市发展日益呈现的高度复杂性和不确定性，多地热线部门开始关注风险治理，积极探索从"接诉即办"向"未诉先办"延伸，变被动为主动，变响应为预警。

一是气候预警，全力保障民生安全。中国人民大学公共管理学院教授马亮表示，"政务热线积累的海量数据能够对季节性较强的问题进行提前预警，并为风险治理提供精准指导和准备时间"。[①] 2021 年 6 月，北京市防汛办与北京市政务服务管理局正式建立市民热线涉汛信息对接机制，保障应急指挥大厅能根据暴雨相关的话务量波动进行提前介入。

二是舆情监测，降低城市治理风险。政务热线可通过工单数据挖掘分析，及时发现社会焦点问题，提高城市的危机预警能力。例如，上海市徐汇区 12345 打造热线智能感知平台，以全域感知、知识计算、数字员工等功能，实现预警事件发现量提升 50%、高发事项处置周期缩短 25%，辅助政府在治理中更好监测城市舆论、维护城市秩序。

三是应急管理，前置处理突发事件。针对以工单数量波动监测城市治理突发情况并提前处置这个问题，江苏省政务热线率先在规范化方面进行前瞻性拓展。2023 年 2 月，江苏省发布《12345 政务服务便民热线突发状况下话务激增应对规范》，将应急情形按照呼入量及接通率划分为三个等级，并规定对关键数据进行监测预警和协同推送、向省级热线管理机构报告、启动"多援一"远程协作支援等应对措施。

二　城市治理场景复杂，政务热线治理面临多重挑战

2022 年末，我国常住人口城镇化率达到 65.22%，城镇化的迅猛发展使城市治理面临场景复杂、服务低效和沟通不畅等问题。虽然政务热线凭借其积累的海量数据能够为城市治理提供部分支撑，但数据规范和标准的缺乏、热线人员和设施的缺位、治理技术和思维的缺失等不足，使其在推进城市治理变革中仍面临多重挑战。

（一）数据管理机制不够完善

热线数据使用缺乏标准。建立完善的数据管理机制，是保障实现热线数据应用城市治理的基础，而完善机制的前提是制定规范的数据标准。目

---

① 《政务热线大数据赋能城市治理创新：价值、现状与问题》，https://d.wanfangdata.com.cn/periodical/tsqbzs202102002，最后访问日期：2024 年 4 月 1 日。

前，虽然各省份及地市陆续出台热线数据标准，但多数省市仍存在标准体系不完善、落实不到位等情况。并且，各热线部门对规范的认知度及重视度不够，严重影响数据的采集与分析质量，难以实现数据规范应用。

热线数据共享存在阻碍。推动城市治理创新，需要加快政务热线数据的开放与共享。但政务热线主管部门和运营单位的隶属关系复杂多样且多数行政级别不高，所以其协调职能部门阻力较大，共享数据面临多重障碍，导致数据协同仍停留在信息公开层面，无法实现数据可机读、标签识别等程度的深层次利用。

（二）各项基础设施有待加强

大数据专业化技术人员短缺。首先，多地政务热线尚未建立专业的数据分析部门，一些热线还将数据分析外包给技术方或第三方。其次，多数热线部门人员结构仍以话务员为主、行政人员为辅，而话务员的数据行为往往缺乏规范化培训。上述问题导致热线部门缺少既懂业务又懂数据的专业团队，技术方面人力资源匮乏使政府面对海量数据却无法有效挖掘和分析其价值，热线数据难以在城市治理中实现真正应用。

软硬件设备智能化程度较低。在硬件设备上，尤其是中西部等不发达地区，政务热线的资金预算仅能保障话务员薪酬等基本开支，在热线智能化的费用投入捉襟见肘，传统的硬件设施已无法跟上数据量的增长速度。在软件设备上，多数企业缺乏热线的业务实践，其提供的智能化分析系统或定制化解决方案，往往难以得到热线部门的实质性使用，政务热线的智能化需求无法得到真正满足。

（三）技术嵌入程度需要提高

技术应用热线管理程度不高。当前，仅有半数左右的政务热线将数字技术运用于智能排班、人员调度等人员配置，数字技术在行政管理成本降低、部门管理模式优化等方面的作用发挥不足。并且，多地热线部门未基于数字化转型进行相应职能调整，无法有效发挥热线的服务枢纽与调度中心的作用，进而导致涉及多部门事项统筹协调时，职能交叉、责任推诿等问题常有发生。

技术参与热线考核能力较弱。中山大学数字治理研究中心等机构于2023年2月发布的《2022年全国政务热线数字发展研究报告》显示，在70个样本城市中，27.4%的热线部门缺少应用数字技术支持的绩效管理和奖惩机制，没有建立适应数字化的激励反馈闭环，难以充分监督工作人员绩效和激发服务积极性，阻碍政务热线进一步作用于城市治理。

三　聚焦数据效能，实现政务热线重塑城市治理

"城市管理应该像绣花一样精细"，为推动城市精细化管理，政务热线应从粗放建设管理到提质增效、精细运营，聚焦其数据效能，从规范制定标准化、数据治理协同化、资源投入科学化、知识体系智能化、数据隐私安全化五个方面入手，实现政务热线重塑城市治理。

（一）加快热线规范制定标准化

首先，加快制定统一化的热线标准。各省区市政务热线标准建设"百花齐放"，但标准建设是一项复杂的工程，难以由一个省份和地市全部完成，需要在国家层面统一推动。其次，推动探索专题性的热线标准。现有的行业标准多为"呼叫服务标准"，侧重于呼叫行业的运营管理与服务。为推动政务热线向城市智慧治理的有力支撑转型，需要在热线工单的分类与分派、数据的采集与应用、办理的考核与评价等方面的标准建设上进行探索。最后，强调实现可复制的热线标准。标准建设要强调落地执行的可复制性，要加快引入能用、好用的标准化工具，助力政务热线行业发展。

（二）推动热线数据治理协同化

首先，热线主管部门要实现职能转变。政务热线数据为城市治理提供了"富矿"，主管部门需要加快职能转变，实现从非紧急热线到紧急热线、从业务管理到城市治理的职能转变，在数据挖掘与分析方面，发挥引领作

用。其次，热线各项数据要实现开放共享。热线数据需要同其他来源数据，如涉及自然灾害、人为失误、应急管理、政策效应等的数据，进行交换整合，实现多维分析和深度利用，加快政务热线大数据的融合、共享和开放。最后，热线业务对接要实现部门协同。推动政务热线部门与大数据管理部门等进行数据互联与业务对接，实现城市治理从"用户画像"到"城市画像""部门画像""政策画像"的多维呈现，为城市决策提供高质量的信息参考。

（三）保障热线资源投入科学化

为有效支撑政务热线的高效化运行和智能化转型，更好助力城市治理现代化变革，保障热线资源投入科学化是重中之重。首先，在领导决策方面，可通过热线报告、媒体宣传等途径强化各级领导对政务热线的关注和重视以及对政务热线重要程度和发展趋势的理解把握。其次，在行政资源方面，围绕政务热线长期规划和发展目标，做好各项体制机制配套建设。最后，在资金保障方面，增加政务热线专项资金预算，优化费用占比结构，向数字化软硬件设施、工具技术等适当倾斜。

（四）完善热线知识体系智能化

首先，要以实用而非数量为导向。建立知识信息智能更新与快速响应机制，推动热线知识库实现由政策通知向群众信息转换，避免部门收集与群众需要的信息落差。其次，要以需求而非供给为驱动。将省、市、县各级热线知识建设成果统一汇集起来，以机器学习、模型关联等新兴技术手段，进行相似比对、关键字抽取、梳理去重，优化完善知识库需求收集。最后，要以共享而非收集为目标。推动热线知识库向基层工作人员和社会开放，以智能化技术实现 7×24 小时全天候、多渠道自助查询，为城市居民提供最便捷的服务。

（五）注重热线数据隐私安全化

建立风险防范机制。热线管理部门需加快建立数据风险防范体系，打消职能部门对推动数据治理的安全顾虑，避免职能部门拒绝数据共享，独享数据信息。

保护群众数据隐私。热线部门应定期开展隐私教育培训，提升工作人员素养，增强隐私保护意识，并以应用加密、匿名、访问控制等安全技术措施实现群众个人信息的隐私风险治理，降低城市居民因担心隐私泄露而减少热线使用频次的可能性。

构建生态体系，赋能政务热线智能化建设

林永忠[*]

政务热线在党和政府的引领下，历经四十年的发展，不断探索创新，体制机制及运营管理日臻成熟，逐渐构建出具有中国特色的现代化政务热线管理服务体系。从1.0阶段迈向4.0阶段，政务热线在政府治理体系中发挥的作用越来越重要。自1983年沈阳市、武汉市设立市长热线以来，我国政务热线创新发展经历四个阶段：1.0启航阶段、2.0聚集阶段、3.0挑战阶段和4.0探索阶段。未来政务热线将继续在数字化、智能化道路上不断探索，发挥联结政府和群众、企业的桥梁纽带作用。

一 政务热线发展现状的研究概述

2022～2023年，我们对多个省份和城市进行了实地调查与研究，不断追踪各地政务热线的发展动态。其间，我们积极探索跨地域合作模式。京津冀、长三角以及粤港澳大湾区在政务服务方面的跨省通办机制已逐步形成，为政务热线的协同合作提供了宝贵的经验。京津冀三地在政务服务方面取得了突破，极大地促进了区域协同发展，为企业和群众提供了便利。长三角作为中国经济最发达的区域之一，在政务服务一体化方面积极开展探索和实践。粤港澳大湾区在政务服务跨省通办方面也有显著成效，广东省在推进政务服务"跨省通办、省内通办"方面出台了具体的工作方案，

---

* 林永忠，政务热线发展联盟秘书长。

旨在实现高频政务服务事项的跨省和省内通办。此外，粤港澳大湾区"湾区通办"服务示范区的启动，进一步推动了区域内的政务服务一体化。总体来看，目前国内在政务服务跨省通办方面已经取得了一定的成效，但在热线服务方面仍需不断探索和优化，以实现更广泛的区域协同，提升协同高效政务服务水平。

在全国政务热线发展研究中，使用统计数据有助于了解政务热线的发展现状和趋势，以应对挑战、迎接机遇。在管理架构方面，全国333个城市的政务热线主管单位主要包括政务服务与大数据管理局（32%）、政府办公室（27%）、政务服务管理局或行政审批局（22%），其他类别占19%，营商环境管理局主要集中在海南和东三省。在从业人员方面，全国政务热线从业人员接近3万人，其中广东、江苏等省份从业人员超过3000人。在系统方面，10%～15%的城市使用省建设的系统，85%～90%的城市使用自行建设的系统。在智能化工具和建设方面，智能知识库应用最为广泛，占比达到57.53%，其他智能化工具（如智能回访、智能质检、自助查询和智能语音客服等）也有超过40%的使用率。

二　政务热线智能化建设的背景

政务热线的发展趋势要求推动其智能化建设。首先，随着社会的进步和技术的发展，智能化已经成为各行各业的必然趋势。对于政务热线而言，智能化建设同样是一种内在需求，是热线自身发展的必然方向。其次，数字政府和数字化转型已经成为当今社会的重要议题。作为数字政府建设的重要组成部分，政务热线需要紧跟这一趋势，通过智能化发展来提升服务质量和效率。此外，从全国政策层面来看，《国务院办公厅关于进一步优化地方政务服务便民热线的指导意见》也为政务热线的智能化发展提供了明确的指引。这意味着，智能化建设将成为政务热线未来发展的重要方向之一。无论是从内在需求、数字政府建设还是从全国政策层面来讲，智能化建设都是政务热线发展的必然趋势和重要方向。

人工智能技术的逐步成熟为智能化建设提供了便利条件。近年来，人工智能技术快速发展，人类从弱人工智能时代进入强人工智能时代。同时，语音识别、自然语义理解、计算机视觉等技术不断突破，多模态融合性等人工智能技术取得了重大突破，特别是 ChatGPT、星火认知大模型等强大的信息检索、分析和交互能力带来了新的机遇。

从整体趋势来看，未来将有越来越多的模型在各个领域得到应用和完善。当然，这不是一蹴而就的，需要一定的时间来实现，各地需要有耐心和信心，持续推进人工智能技术在政务热线领域的发展和应用。

三　政务热线智能化的探索、成效与问题

调研显示，部分城市正在尝试运用智能助手和智能问答系统，以提升服务便利性。以珠海为例，在这座拥有约 250 万人口的城市，市民诉求量接近 400 万件。为应对此挑战，珠海市采取了一系列措施，包括运用智能助手和智能问答系统并进行话务分流，取得了显著成效。同样，湖州市使用了智能问答机器人，并投入大量人力以训练和优化机器人。辽宁省则采用了九大智能模块，其中智能回访等模块运用了人工智能算法，精准匹配历史工单，进一步提升了服务便利性。

各地政务热线通过智能化工具提升了服务效率和质量，市民得以享受更优质的服务体验。珠海市采用这些智能模块后，服务效果显著提升。合肥市也推出了智能语音系统，实现热线端、政府门户、微信公众号等全天候服务，取得了良好成果。

然而，政务热线智能化建设仍存在不足。例如，智能客服在语义理解、多轮通话能力以及人机结合方面存在问题，智能知识库在动态更新和预警能力上仍有待提升。同时，智能回访在非结构性数据分析方面存在局限。在使用过程中，各地需不断积累反馈，持续优化和改进智能客服系统。

在智能质检方面，当前许多地方都采用了全量语音质检方式，但此方

法下的质检内容较为单一，难以有效检视话务服务和工单关键内容，而且人工质检样本量有限，无法满足需求。因此，如何在全量质检和人工质检之间取得平衡，提高质检效果，是未来需要解决的问题。

智能座席助手目前多数仍停留在文本语音转换阶段，尚未真正融入人工智能技术。未来需开发更智能的座席助手，以提高服务效率和客户满意度。

在智能数据分析方面，预警分析是关键应用之一。预警分析可及时发现潜在问题并实现自动预警，同时对数据进行深入分析，为决策提供有力支持。

在智能培训方面，目前存在针对性、个性化、及时性不足的问题。话务员需求和水平各异，需加强培训体系的系统性，提高资源投入和管理水平，以满足个性化的培训需求。

此外，智能化建设还面临一系列深层次问题。一是体系建设不足，缺乏清晰方案，场景、需求、目标、规划、实施、绩效考核等要素未形成完整体系。二是建设碎片化，效果不佳。智能知识库、智能派单、智能质检、智能数据等功能未能联动，关键场景建设效果不佳。三是资源投入和管理不足，资金投入不足，管理能力有待提升。

总之，在智能质检、智能座席助手、智能数据分析、智能培训等智能化建设方面，政务热线仍需进一步改进。未来应加强技术创新，加大资源投入力度，不断完善和优化智能化服务体系，提高服务质量和效率。各地热线在认知能力、建设能力、保障能力、生态支撑等方面的不足是导致上述问题的主要原因。推动热线智能化发展，需热线部门、技术企业、运营单位和科研机构共同合作，形成生态圈。

四 政务热线智能化建设的建议与路径

建设智能化政务热线可从能力提升与生态构建两个方面展开。

在能力提升方面，首先，强化认知，对政务热线在转型发展中的智能化建设价值、目标及挑战等进行客观、准确的理解。其次，提升建设能力，明确智能化建设的目标与规划，制订完善的实施方案，实施分步与分层建设。最后，提高保障能力，建立健全管理机制，保持人力、资金等稳定投入，实施有效的培训、激励、考核等保障措施。

在生态构建方面，一方面，实现多元合作，各地热线部门要与其他热线部门、运营单位、技术企业、科研机构等建立多元化合作关系；另一方面，推动有效协同，通过完善管理制度，实现多元主体间的有效协同，充分发挥各方价值和作用。此外，还需构建长效机制，为智能化建设提供稳定支持。

五　结论与展望

经过多年发展，政务热线在不断探索中逐步实现了规范化、标准化，并开始积极向数字化和智能化转型。未来智能化建设应立足需求侧，以用户需求为导向，制订满足政务热线自身需求的智能化建设方案。此外，政务热线智能化建设不是一朝一夕就能完成的。它需要时间的沉淀、技术的迭代与人心的宽容。我们追求的不仅是技术的进步，而且是对用户多样化需求的理解与满足。这是一个持续进化的过程，要求我们以开放的心态，拥抱每一次尝试和每一种可能。尽管目前人工智能应用尚处于初级阶段，但其发展潜力不容忽视。各地政府可依托政务热线发展联盟这一交流平台，与整个生态圈共同探讨全国政务热线智能化建设的方案与标准，助力政务热线智能化转型。

政务热线发展的新方向：韧性、赋能与协同

郑跃平[*]

一　打造韧性热线

数字时代需要韧性治理。无论是宏观、中观还是微观，无论是政府内部还是外部，都强调在有效、高效的基础上，进一步提升治理的适应性和稳定性。要积极适应和回应外部环境的变化，能够有效应对新的诉求、新的问题和新的风险，在这个过程当中，又能通过政务热线的建设发展增强治理本身的稳定性。

时代需要韧性治理，而韧性治理需要韧性热线。疫情期间，政务热线面临很大压力，进入新的阶段之后，需要回过头去反思如何打造一条有韧性的热线、如何打造一个有韧性的枢纽。具体包括四个方面。

其一，运营管理的力度。在关键时刻运营管理是否能扛得住？在面临风险时有无应对的能力？在服务量快速攀升的时候能否顶得住？有没有一些灾备体系，确保在话务量服务量快速攀升、面对风险的时候，通过资源的统筹配置和联动协同快速提升服务能力？

其二，数字发展的精度。过去几年，很多热线都在探索政务热线数据的分析应用，但政务热线数据分析报告，尤其是常态化的报告，已经进入一个明显的瓶颈期：月度报告和季度报告没有新意，对一些问题的研判，

---

　　*　郑跃平，中山大学数字治理研究中心主任。

精度不够准、程度不够深、风险预警研判的准确性不高。此外，数据分析大屏只是一些统计的可视化描述。因此在数字发展方面，尤其是数据治理方面，提升精度是韧性的第二个体现。

其三，协同联动的效度。政务热线这个枢纽联结了政府内部不同层级不同部门。此外，在调研中发现，有一些热线部门还专门与社会组织和企业建立了联动机制，许多热线部门都提到承办单位实现了全覆盖，不仅覆盖了政府部门，也覆盖了企业和社会组织，这是"全面"的问题。但需要进一步去思考的是效度问题，也就是说，诉求的问题能不能通过协同联动实现有效的解决，疑难共担的处置情况怎么样。在面对风险、压力和问题的时候，跨部门、跨层级甚至跨城市之间的这种联动协同是不是真的做到了有效。只有有效、高效的协同联动，才能实现结构性的韧性或韧性的结构。

其四，服务群众的温度。一方面，政务热线要运转起来，实现有效、高效的运转；另一方面，政务热线应该是有温度的，它可以体现出治理的温度、社会的温度。

二 数据治理2.0

当前政务热线建设迫切需要进入数据治理2.0阶段，现在政务热线数据治理的短板非常明显，要认识到以下几个方面。

第一，标准是基础，数据质量差是明显短板，标准化建设要强调政务热线数据治理的标准化。调研发现，在培训、系统设计建设、工单话务界面、话务人员信息录入等多个环节中，大多都是没有数据标准的。前几年一些政务热线也在推动标准化建设，其实大多数都是一些呼叫行业的标准。这个固然很重要，但是我们需要了解和认识到政务热线和社会或商业的一些呼叫平台是不一样的，政务热线所提供的服务，服务的要求、精度，政务热线的代表性、角色和功能都有非常大的差异，而这种差异要求立足政务热线本身的服务和数据特点进行标准化建设，通过标准化建设提升当前政务热线数据的质量。当数据治理进入 2.0 阶段时，量大不是关键，核心在于准确，而准确的关键在于要体系化地提升数据质量，标准是重要的保障、支撑和基础。

第二，制度是保障，要用体系化的制度和管理来部署数据工作、规范数据行为、拓展数据网络、提升数据能力、释放数据价值。近些年的调研发现，一些热线将数据分析外包给技术方或第三方，但效果都不是很好。所以政务热线一定要逐步打造一个既懂业务又懂数据的团队，要去体系化地推动这项工作，要去规范政务热线话务员等工作人员的数据行为，要去拓展政务热线和其他部门之间的数据共享流动网络，要去打造政务热线的"数据朋友圈"，要去提升数据能力、释放数据价值、推进数据风险预警、实现有效精准研判和数据赋能。

在这一系列的过程中，制度是保障。如果没有一整套的运营管理、培训考核规范，没有一整套政务热线和技术企业间的有效合作制度，没有政务热线和其他业务部门推动数据共享应用的一套机制，没有在风险预警方面的一整套管理应对机制，那么数据治理的价值很难得到有效释放，政务热线的运行、工作人员的数据行为很难得到规范，数据网络很难进一步拓展，数据能力很难得到提升，因此，数据的价值难以得到真正的释放。

第三，分析是核心，深层次挖掘政务热线数据的价值，高精度分析城市治理问题。有了标准去提升数据质量，有了制度去保障数据治理相关工作等，接下来要做的就是分析。政务热线在当前这个阶段迫切需要思考的问题是，整个政务热线高价值、高密度的数据，或者说是"富矿"，其实没有被挖掘出来。在过往两三年或四五年间，政务热线做的很多工作都是对系统报表的可视化呈现。而在整个政务热线数据中，文本框里话务人员所填写的咨询诉求问题的描述性文本数据，是政务热线的"富矿"，也是大数据分析的关键，分析的难度和挑战很大，但这并不意味着我们要去回避它。恰恰相反，我们需要在战略上充分理解它的重要性，在策略上进行有效的部署，要和技术团队之间形成有效的合作。要在团队内部逐步打造一个既能和智库、技术企业又能和政务热线以及其他业务部门形成有效联动，共同推进专报和风险预警工作的数据分析团队。

第四，应用是关键，用 "who-what-how" 来牵引应用的平台和形式。热线部门需要反思以下问题：热线的大屏有人看吗？常态化的月报和周报能看到新意吗？是否了解谁在看、谁需要看大屏？是否知道哪些管理者、决策者，哪些业务部门需要政务热线数据？

首先，"who"，要明确数据一定是用来服务的，如果数据分析结果没人用，没有形成服务，没有体现其服务的能力和应用的成效，数据就没有价值。从这个角度来看，政务热线部门要明确到底在向谁提供数据服务，到底在向哪个部门的管理者和决策者提供服务，如市政府领导、区领导、业务部门等。

其次，"what"，要明确他们需要什么。团队调研发现，大多数数据大屏总是展示相同的东西，如话务量增长了多少、有多少个座席。但需要思考的是，是否每个管理者、决策者都想看同样的内容？这些内容对于他来说是否有价值？市一级的管理者、决策者，区一级的业务部门以及其他热线部门和业务部门来的时候，他们看的内容应当是一样的吗？

最后，"how"，要进一步思考以怎样的形式提供数字服务。对于很多风险预警而言，文字性的报告比较慢，而且很多时候文字的描述也不够准确，所以在面对不同的管理者、决策者，不同的业务部门时，要针对他们的需求提供有针对性的数据服务，通过有效、便捷、高效的形式提供数字服务。

三 打造协同治理的枢纽与平台

在 2023 年 1 月和 2 月的调研中，团队对实地调研走访的 12 个省市热线平台都提出了这样的问题：在未来一两年或两三年的建设发展当中，政务热线对于基层治理或整个社会治理而言，到底扮演什么角色？

经过很多调研访谈之后，我们逐渐形成了一个关键词：枢纽。把枢纽和原来所强调的平台结合在一起，团队提出：打造协同治理的枢纽与平台。

第一，治理枢纽，强调联结性与流动性。在讲枢纽的时候，我们谈到两个方面：联结性与流动性。首先，要想成为枢纽，政务热线一定要去主动联结其他部门，要联结政府内部横纵之间的不同部门，联结政府外部的企业和社会组织，这样就从结构上让政务热线成为治理枢纽。其次是流动性。只有一个结构性的枢纽是不行的，要有相关的资源要素流动，这样枢纽的价值才能被释放。当政务热线成为枢纽的时候，就需要在信息流动、数据流动和业务流动方面形成有力的支撑。只有当联结性和流动性都实现的时候，政务热线才能成为治理枢纽。

第二，治理平台，侧重于支撑性与合作性。需要强调的是，政务热线是一个治理平台。当强调政务热线是服务平台时，强调的是热线本身；而当强调政务热线是治理平台时，强调的是政府、企业、社会不同层级不同部门在其中有效、高效的合作问题。所以要注重支撑性与合作性。首先是支撑性。政务热线要成为有效的治理平台，就需要为跨层级、跨部门、跨主体的管理决策以及协同联动等行为提供平台和保障，包括渠道建设、系统建设、数据治理和制度建设。因此需要反思的是，到今天政务热线互联网渠道建设得怎样？政务热线系统间能否去支撑后续的一些联动协同？政务热线数据分析应用能力和共享能力怎么样？在协同治理方面，制度建设怎么样？其次是合作性。要纠正原有政务热线很多理解上的偏差，政务热线面向其他政府部门，不是单一的监督角色，更重要的是，政务热线要转向服务角色，要为部门工作开展提供服务，要为部门主体间的协同提供服务，体现政务热线的服务能力和服务价值。近年来，政务热线的服务对象发生了很大的变化。除了服务群众之外，政务热线还要服务企业助力营商环境优化，也要服务政府部门的管理和决策，助力治理能力提升，去推动应急管理和风险应对能力的提升，去打造协同治理的枢纽与平台。只有这样，才能实现有效、高效、精准、有温度的热线，成为治理枢纽，助力治理的改革创新。

政务热线数据治理的探索、现状与反思

郑跃平[*]

一 探索与成效

2022～2023 年，我们调研了 40 多个省市的政务热线平台，也看到了一些在政务热线数据的管理、分析应用与分析报告方面具有代表性的案例和探索。

在数据管理方面，南通市设立市域治理指挥中心和淮安市 12345 政府便民热线，将热线内外部数据库打通，打造融合型、全方位、多来源的数据中心。烟台市科学推进数据存储、安全、数据生命周期管理、数据共享等，同时提出数据治理人才培养计划（相关培训、激励计划、经验交流等），为案例研究、数据分析、系统运维等提供人员支撑，为数据治理培养和打造专门的团队与文化。珠海市 12345 政务服务便民热线则通过系统数据对接、部门数据共享、空间数据叠加等方式探索形成较为完善的数据库。可见，在整个政务热线的数据库或是数据中心的建设当中，如何将政务热线和其他部门、其他维度的数据进行有效的联通和结合，是近两年政务热线探索的重要方向。同样，新疆维吾尔自治区 12345 政务服务便民热线汇聚了 14 个地州的话务与工单数据，对接人社厅、市场监管局、文旅厅等部门的数据，并且编写了数据交换的规范。可见，新疆不仅致力于推动数据的汇

---

* 郑跃平，中山大学数字治理研究中心主任。

聚和融通，还努力促进数据融通过程中的规范和标准化建设。辽宁省12345政务服务便民热线建立了省级数据中台，对各市平台运行情况进行统计和短期分析，且数据空间可视化层层递进，能有效进行重点、异常信息的及时识别和筛选，有助于精准发现问题。在调研中我们还发现，辽宁省12345政务服务便民热线数据中台对过往很多年的数据进行了系统性的管理，能够对一些事件、空间、场域等进行精准画像，有利于发现识别问题和风险。

在数据分析应用方面，西安市是一个非常具有代表性的案例。其设置诉求工单分析板块，利用数据的空间可视化帮助发现问题，设置城市智囊中心板块对知识点的使用情况、热门知识点进行统计，设置系统告警预警，进行重点、异常信息的及时识别和筛选。西安市的热线数据分析具有三大优势：第一，数据汇聚、数据分析的内容、维度非常全面；第二，数据分析的纵深层次分明，从工单反映的问题到同类问题梳理形成的专题再到具体事项层层递进，直至与具体的工单形成关联；第三，进行系统告警、预警等特色、亮点的探索，数据分析应用在思路、方向和重点方面清晰明了。除此之外，我们还看到珠海、南通、淮安、阿克苏、安康等城市的政务热线从传统的描述性统计和复盘性分析逐步转向前沿性的预测分析与拓展建设，真正实现了政务热线的大数据分析。其中，珠海市建立了人、区域、事件三类对象的四级预警，并实现了预警闭环管理。南通市基于区域治理指挥中心实现多源头数据的有效汇聚、管理、分析与应用，提升数据赋能的效度与精度。淮安市12345政府便民热线实现了从"复盘"到"预测"，如事件判定、发生的数量/空间等方面的预测。阿克苏地区12345政务服务热线探索"未诉先办"，结合历史工单和数据发现苗头以及城市治理问题的弱信号。安康市12345热线建立了"灰犀牛""黑天鹅"预警台账，及时发现社会问题，及时对突发事件进行预警。

在分析报告方面，近两年一些城市在专报方面进行了越来越多的探索，在常态化报告基础上围绕特定事件或问题进行了专题性的分析，真正为相关部门、单位的决策提供了支撑和辅助。这也是2023年政务热线探索的重要方向。例如，赣州市12345政务服务便民热线通过办件互通函与相关政府部门实现信息互动和联动协同，赋能其他政府部门业务和工作开

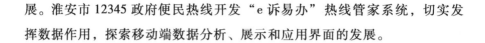

展。淮安市 12345 政府便民热线开发"e诉易办"热线管家系统,切实发挥数据作用,探索移动端数据分析、展示和应用界面的发展。

二　不足与反思

在调研四十多个省市的政务热线的过程中,研究团队发现,政务热线建设很重视数据,但是仍存在一些不足,需要进一步对政务热线数据治理的认知、技术与管理进行反思。

(一)不足:数据治理存在多方面问题

在调研过程中,我们深刻体会到政务热线数据治理主要存在以下六个问题。

第一,在数据管理标准方面,缺乏完善的数据采集标准体系和规范,没有形成系统闭环。过去十年,政务热线都关注标准化建设,不断推进业务流程、服务的标准化,但这一标准更多的是行业标准。事实上,行业呼叫服务的标准与政务服务的标准之间存在很大差距,而政务服务的标准与数据治理的标准亦存在显著差异。然而,如果没有标准化的数据,那么数据治理、数据分析的赋能也难以实现。实际上,我们每天都有几百个话务员填写大量的工单,每个工单在文字录入的过程中,都在形成数据,但是这些数据采集行为并没有形成统一的规范和标准。总体来说,我们积累了一些规范化的经验,有些热线也在积累的经验的基础上形成了一定的业务规范。然而,我们目前所做的许多标准认证更多的是呼叫服务的标准,这与专业化的标准还存在很大差距。到目前为止,我们还没有看到一套针对并适用于政务热线数据治理的专业化标准。

第二,在数据质量管理方面,数据质量不高,现有系统的分类体系难以支撑后续的数据,难以进行有效和深入的分析。我们之前分析了政务热线数据治理缺乏标准和规范的情况,这导致出现一个现象:尽管数据量很大,但是质量并不高。例如,虽然存在大量工单,但在对同一问题进行描述和录入时存在很大差异，这就导致整体数据质量不高，也难以真正发挥数据分析的作用。

第三，在人员管理方面存在脱节，系统里的数据录入设计没有充分考虑数据分析需要。目前，许多针对话务员的培训并未涵盖数据采集、数据储存、数据管理、数据治理等方面，尚未形成针对数据治理的专业化、系统性的管理。这类培训更多地聚焦业务方面，包括如何进行话务接听、工单填写、问题解答以及推动诉求问题的解决等。

第四，综合分析能力有限，相关统计、可视化、深度分析、预警功能有待完善。许多政务热线都通过大屏对数据分析结果进行展示，但这些分析大多停留在简单的统计描述层面，与真正意义上的大数据分析、关联分析、预测和预警等还存在很大差距。

第五，在数据主动挖掘方面，由于整体数据质量不高，团队建设相对薄弱，数据分析能力有限，政务热线大多数据分析实际上相对被动。通常，相关管理者和决策者会先提出要求，团队再去整理现有数据库中与该问题相关的工单。然而，这种做法相当被动，因为数据的整理和深入分析需要时间，根据数据分析结果形成报告同样需要时间。等整个流程走完，往往错过了最佳时机。因此，当前政务热线主动发现问题的能力仍有不足，缺乏清晰的呈现思路和体系，导致数据信息利用效率低下。

第六，在风险预警方面，2023 年许多省市政务热线都围绕风险预警进行了探索，但成效不佳。整体而言，政务热线数据治理在城市治理的突发事件和潜在风险的感知能力以及及时预防能力方面存在不足。

（二）反思

基于上述分析的碎片化问题，我们可以从以下几个角度来理解。

1. "三个脱节"

（1）理念和实践脱节

在调研过程中我们发现，大家对数据价值的认识越来越全面和深刻。关于数据到底要怎么用，各地都提出了很多理念，而且这些理念紧密结合了中国热线数据治理的现状。然而，问题在于，这些理念无法形成实践应用。可见，我们对政务热线数据治理的期待和美好想象在实践过程中并未真正发挥数据的效用，理念与实践之间存在脱节，导致理念无法真正落地。

（2）形式与效果脱节

数据不等于"大屏幕＋数据可视化"。我们在调研中发现，数据分析屏幕建设得非常好，可视化展示也非常出色，但问题在于，大数据不等于"大屏幕＋数据可视化"。就目前而言，整个政务热线的数据治理和数据分析对政府治理、精准决策、应急管理等方面的支撑作用相对有限。大多数热线的大屏只有一两个展示界面，只能简单展示话务量统计、人员统计、工单流转等指标，缺乏深入分析。但我们在调研过程中也发现一些省市热线在数据大屏建设方面进行了较好的探索，如辽宁省、陕西省、西安市、淮安市、南通市等。这些城市基于大屏，可以反映政务热线建设的现状和问题、透视城市治理，并为其提供非常好的支撑。

（3）业务与数据脱节

话务员在话务接听和填写工单方面并没有经过体系化的数据治理培训，也缺乏相关的管理机制、考核和激励机制，这导致他们在开展工作时只关注电话是否能及时接听、问题是否能得到解决、工单是否能填好并顺利流转等业务问题，缺乏对数据的考虑，进而导致业务与数据相互割裂，数据治理体系和业务之间未能形成有效的关联。数据源于业务，即数据是从业务中生成的。如果在业务开展过程中没有考虑后续的业务治理，没有在业务和数据治理中形成良好的协同，那么后续的整个数据治理、数据生成、数据分析应用等工作就难以进行。

2. 两个困境

（1）业务逻辑与数据逻辑的冲突

传统上，政务热线主要致力于向群众、企业提供服务，强调业务能力，包括如何构建知识库、优化话务工单系统、完善服务流程以及提高服务效率等，这是业务逻辑。数据逻辑则侧重于政务热线在相关场景和应用中实现数据的有效采集，确保数据质量并进行数据的管理、分析和应用，以助力决策的优化。

从整体来看，前几年政府对数据、数据治理的重视程度还没有这么高，政务热线更多地关注业务层面。只要电话能接通、老百姓咨询的问题能得到解决、工单能够流转，政务热线的基本功能就已经实现了，这是一套基于业务逻辑的运营模式。然而，近两年来，随着数据治理日益受到重视，当政务热线的数据价值需要进一步释放以助力整个管理、决策优化时，业务逻辑与数据逻辑之间的冲突也随之产生。在业务开展过程中，业务逻辑更注重业务效率、效用、便利性等的提升与优化，而数据逻辑则关注的是数据的采集、存储、分析和应用，以及如何构建数据管理闭环并真正实现数据价值的释放。当这两套逻辑交织在一起，集中体现在话务员的行为中时，意味着他们的每个行为既受到业务逻辑的驱动，同时又对数据逻辑产生影响。然而，两者的目的和路径不同，在实际运作过程中很可能导致冲突和矛盾的产生。

在事项分类方面，业务逻辑下的事项分类通常较为简单，很多政务热线都是分为三级、数百项，只要求派单精准，能够让一个承办单位解决问题。最主要的目的是通过派单明确划分权责，促使承办单位切实解决问题。但近两年来很多政务热线都在优化诉求分类和事项分类，分类的层级越来越多，精细化程度也越来越高。这背后体现了数据逻辑的驱动，要进行数据分析和数据可视化，如果诉求分类和事项分类不够细致，就会导致统计、描述比较粗糙，数据价值亦难以释放，无法为管理者和决策者提供有价值的参考，从而引发业务逻辑与数据逻辑之间的冲突。

（2）数据与治理的关系不明晰

我们经常将数据与治理放在一起讨论，但问题是，这两个概念不是天然就在一起的，它们是两个独立的词语。数据是数据，治理是治理，它们是两个不同的主体。此外，对于二者之间的关系，我们的理解还不够清晰。如果把数据和治理分开来看，事实上二者之间有以下三种关系。

第一种是对数据的治理，这是近两年来很多政务热线数据治理关注的重点内容和话题，主要指如何对政务热线数据进行体系化的管理和应用，打造数据价值的闭环，确保数据质量和安全。

第二种是围绕数据的治理，侧重于围绕数据管理和价值应用的相关制度和保障体系建设。当我们想要获得高质量数据、进行有效分析并将分析结果嵌入和应用到管理当中时，需要考虑哪些相关的制度和保障体系并确定是否建立了相关的评估体系、考核和培训机制。此外，还需要考虑相关的评估体系是否有相关的一些工具应用。这是因为数据治理并不仅仅是单纯的技术应用，而是需要围绕数据的采集、分析、管理、应用和安全等要素打造一个闭环，形成一套相应的制度和保障体系。

第三种是数据赋能的治理。只有实现了第一个层次"对数据的治理"和第二个层次"围绕数据的治理"，才能真正实现第三个层次"数据赋能的治理"。这就意味着，在拥有高质量数据和强大数据分析能力的同时，还需要具备完善的数据治理制度、管理体系和强大的数据分析队伍。只有在这一层面上，我们才能真正释放政务热线数据的价值，推动整个政务热线管理服务范式的转变，更好地驱动城市治理和政府治理的改革与创新。

3. 认知、技术与管理

（1）认知反思

在认知反思方面，我们常说我们拥有大量数据，要让这些数据真正发挥作用并实现价值，使决策变得更加精准、更加智慧，但实际上我们混淆了数据和信息的概念。数据是原始的素材，而信息是政务热线中的工单以及流转的相关数据经过加工分析后形成的具有一定管理内涵的信息。这些信息的结合能够对一些现象、问题进行综合描述。比如，我们可以对周期性出现的供暖问题、环保问题、教育问题等进行系统性的分析，形成一定的经验判断和理解，从而形成知识。当有了这些体系化的、能够为我们做出决策提供支撑的知识，并且它们被有效地应用于决策过程中时，我们就可以在有限的资源和环境下做出更优的判断和决策，这就是智慧的体现。因此，我们可以发现，数据治理带来的智慧判断和决策之间，存在非常长的逻辑链条，这是一个非常复杂的过程。并不是只要有数据就一定能实现赋能，因为真正的赋能是在智慧层面实现的。要使政务热线数据实现赋能，就必须将数据转化为有效的信息，再将信息整合成有效的知识。只有当知识真正有效地应用于管理决策时，才能赋能管理决策，并真正拥有智慧。

因此，我们首先需要反思我们是否真正理解了政务热线数据。政务热线数据有哪些属性、哪些特点、哪些价值以及哪些短板？与其他渠道相比，政务热线数据的价值密度较高，因为其反映的都是问题数据，准确性也很高。但问题是，政务热线数据往往是结果数据，没有过程数据。因此，政务热线在做专项分析报告和专题分析时，如果不与业务部门相结合，就很难去深入剖析背后的原因。因为这些数据只能看见问题，并不能帮助理解问题背后的一些深层次机理。因此，我们需要了解政务热线数据的特点、价值、优势以及短板。此外，政务热线数据可以在哪些场景中实现价值？到底谁会关注政务热线数据？在什么样的场景当中会使用政务热线数据，什么时候去用，在哪里用，如何用？即"who""what""when""where""how"的问题。这些问题意味着整个政务热线的汇聚分析应用需要有非常清晰的应用场景、目标结果和需求导向。

其次，我们需要从深层次进行反思。如何让原始数据经过加工处理后形成有价值的信息，如何让这些信息体系化，并从纵横向上交叉结合之后形成一定的知识，如何让这些知识赋能我们的决策，实现智慧判断。这中间还有一段很长的路要走。

最后，我们需要从数据与治理的三重关系进行反思。数据与治理之间的关系包括对数据的治理、围绕数据的治理以及数据赋能的治理。其中，数据和技术都不是关键，治理才是关键。这两年我们已经看到很多关于数据治理的实践，但真正做得好、能够充分发挥作用、得到广泛应用的数据治理，往往不是技术能力强的，而是治理能力强的。

（2）技术反思

在技术反思方面，我们常说的数据分析需要技术的支撑，然而，有些城市虽然已经具备很强的数据分析能力，但是数据价值无法得到充分释放，决策也没有因数据分析的应用而得到有效提升。因此，我们需要对技术进行深入反思。

第一，现有政务热线存在技术缺失。例如，我们调研的几十个城市政务热线有很多系统、大屏，但大部分做的都是统计描述、报表等，几乎没有热线能够对热线工单的文本内容实现有效的分析和价值挖掘。因此，对这些工单进行富有成效的、精确的、有价值的自然语言处理或文本分析等相关技术的处理仍然是缺失的。

第二，支撑不足。真正的大数据分析并不仅仅是大屏展示，也不仅仅是数据的可视化，而是深层次的关联分析、预警预测等。然而，政务热线在这些方面的支撑还远远不够。除了简单的统计描述和可视化之外，我们还缺乏深入的关联分析、预测分析、预警分析等所需要的分析模型和算法。因此，当前整个大数据分析事实上没有办法为数据治理提供足够的支撑。

第三，协同不够。政务热线本身的数据很有价值，但是数据短板也非常明显。从这个角度来看，我们需要将场景需求和技术能力相结合，将管理运营和技术赋能相结合，并在数据分析过程中实现人工和技术的协同。然而，我们发现这三个维度的协同还是不够，很多时候数据分析技术的应用与数据分析场景的需求之间存在脱节。另外，政府管理侧、运营侧和技术侧三者之间的协同沟通也明显不足。在整个数据分析过程中，想要形成有价值的分析报告和预警，不仅需要一个单纯的技术工具，还需要人工和技术进行良好的衔接和配合，但这一方面的协同也并不充足。

（3）管理反思

在人力资源管理方面，我们通过调研发现，很多热线都没有专业的数据治理团队，甚至有些热线只有一两个工作人员负责写报告，他们的主要工作是进行大屏展示和简单的统计描述等，但这是远远不够的。未来政务热线数据治理到底能发展到什么程度，在很大程度上取决于我们是否能够推动建立政务热线数据治理的人才队伍。例如，在招聘环节，能不能吸引并招聘具备一定分析能力的人才；在培训环节，能不能对现有工作人员进行基本的数据分析能力和数据意识的培训。此外，在考核晋升方面，有没有充分考虑数据治理方面的指标；在文化组织方面，有没有推动数据文化的提升和数据意识的增强。目前，整个人力资源方面仍然缺乏这样的人才队伍。

在场景功能要求方面，我们在调研中发现，技术方也面临困难。很多时候，政务热线管理者没有办法清晰地向数据分析技术方提出具体的要求或需求，对于数据分析到底要在哪些场景或环节中应该发挥什么作用、扮演什么角色，以及要实现哪些维度的标准或目标等，我们并不明晰。如果政务热线管理者没有办法向技术方清晰地提出场景需求、功能需求以及数据治理的目标等，那么技术方就会在需求不明确的情况下推动工作，这可能会影响数据分析的效果和数据治理的推进。

在管理层制度方面，目前围绕数据治理的管理和制度建设仍显不足，包括工作流程、规范、标准、考核以及风险管理等方面的制度和规范都需要进一步完善。

在标准化建设方面，政务热线的标准化应该从呼叫行业的标准化转向政务服务的标准化以及政府数据治理的标准化。然而，当下政务热线数据的采集、管理、分析、应用安全等缺乏相应的标准，导致效率低下、效果不佳，难以充分释放数据的价值。

三 结语

整体来看，这两年政务热线数据治理取得了比较明显的进步，尤其是从 2023 年前四个月我们调研的一些省市的平台来看，在话务量回落之后，一些热线逐步把资源和精力集中在数据治理方面。2023 年是很多政务热线数据治理和智能化建设的重要时间点，但是政务热线数据治理能力和效果仍存在明显短板，迫切需要进行体系化的探讨与反思。现有政务热线数据治理存在很多碎片化的问题，主要源于我们对热线本身的特点、价值方面的理解不够深入，对数据治理本身的理解不够全面，以及对数据和治理之间的关系理解得不够透彻。数据治理不是单纯的技术问题，更多的是治理、管理的优化，是理念的创新。此外，关键技术的缺失以及管理体系的不完善也是数据治理目前存在困境的深层次原因。

未来优化的方向可以从以下几个方面进行考虑。首先，准确理解政务热线数据的特点和价值，需要明确政务热线数据能做什么、不能做什么。其次，明确场景需求和功能要求，需要弄清楚政务热线数据到底能在哪些场景中发挥怎样的功能、实现怎样的价值。只有这样，才能对技术方提出明确的要求，真正围绕关键的场景问题实现关键技术环节的突破，尤其是自然语言处理和一些突发预警的模型算法，等等。此外，为了开展这些工作，技术和管理体系需要进一步优化，以适应当前政务热线数据治理的要求。最后，标准化是一个非常重要的管理手段，也是重要的支撑保障，未来如何推动政务热线数据治理的标准化需要大家共同关注和努力推动。

政务热线协同能力建设的困境与路径

郑跃平 *

一 政务热线的协同探索

（一）类型与价值

从整体来看，当前政务热线的协同性工作可划分为三种类型：第一种类型是跨部门，包括与110、120等紧急热线，横向上与城市管理、市场监管、环保等部门，以及纵向上省区市镇街间的联动协同；第二种类型是跨主体，包括与科技企业、科研机构、媒体、社会组织等的合作，例如唐山热线与科技公司围绕大数据、智能化等工作推进相关合作；第三种类型是跨区域，包括跨城市、跨省等的协同。

协同对于热线建设发展而言十分重要。第一，角色构建的需要。近年来，热线的角色和功能与以往相比有了较大变化，从单一的服务渠道逐步转变为政府治理的重要平台和枢纽。枢纽的特点是链接，只有当热线和其他部门、主体、平台之间形成联动、协同、链接的时候，才能被称为枢纽。因此，在从服务渠道转变为治理平台与枢纽的过程中，链接和协同最为关键。第二，服务治理的依托。当前政务热线面对的服务与治理需求环境在不断变化，面临的问题往往综合性强、复杂性高。不仅涉及政务咨询的解答，一些社会治理、城市治理的问题也要依托热线平台来解决。这就

---

* 郑跃平，中山大学数字治理研究中心主任。

要求政务热线与其他部门之间形成有效联动和协同，以有效解决和回应复杂性和综合性的诉求与问题。第三，弥补能力的不足。近年来，政务热线在管理机制、数字化建设等方面有了明显进步，但在建设基础、资源投入和技术能力等方面仍然存在不足和短板，需要通过协同来推进资源共享和能力互补，以改善热线的服务和建设水平。

（二）实践探索

从整体来看，政务热线的协同实践探索也可以进行初步的类型划分。一类是跨部门主体联动。例如，辽宁、河北、北京、南宁等省市热线已经逐步形成与紧急热线之间的体系化联动机制；南京、南通、赣州等城市热线推动跨部门间的数据共享；沈阳、烟台、安康等城市热线推动跨部门业务联动。此外，还有一些跨主体的协同，例如成都、衢州等城市热线和媒体之间形成了体系化的合作；北京、广州等城市的热线部门与科研机构、高校进行全面合作。另一类是跨城市区域协同。在省内协同方面，2021年，南宁、桂林、玉林、百色和崇左等城市用"话务转接＋工单流转"的方式进行跨市联动；在跨省协同方面，2021年，广西玉林与广东茂名、湛江以及湖北孝感等城市热线联动，推进政务服务跨省通办；在跨区域协同方面，2022年，北京、天津、河北、雄安新区通过6个专项工作改善信息共建共享、系统互联互通等进行高效联动。

二　政务热线协同面临的困境

我们通过调研发现，政务热线的协同面临着很多困难。其一，重视不够。政务热线工作任务繁多，随着话务量的不断攀升，热线每天面临着大量的服务诉求。在工作任务繁重的情况下，加上管理机制和技术的支撑不足，协同工作难以开展。其二，能力不足。实现跨部门、跨主体、跨城市等协同事实上需要许多资源，不仅是系统、平台、人力方面的资源，更重要的是行政资源。但目前的政务热线普遍面临资源有限、能力不足的情况，难以有效支撑协同。其三，机制不顺。体制机制未理顺，相关的制度建设、管理机制和激励机制不完善，协同工作的开展存在诸多困难，难以实现常态化、有效、高效的协同。

谈谈协同的意涵。《说文》中强调，"协，众之同和也。同，合会也"。协同，就是指协调两个或者两个以上的不同资源或者个体，协同一致地完成某一目标的过程或能力。协同有五个特点：平等、自主、参与、主动和稳定，只有做到上述五点才能实现真正意义上的协同。从这个角度出发，我们还需要进一步反思如何理解当下热线协同面临的困境，背后有哪些值得思考、改善和优化的地方。

基于此，本研究构建了一个"意愿－能力－成本"的理解框架。既然说协同是平等的、自主的、参与的、主动的和稳定的，我们需要思考热线部门和其他部门之间的联动协同有哪些影响因素。无论是跨部门、跨层级还是跨城市、跨区域的合作，我们都希望其他部门能够真正参与进来，并且关键在于要理解其他部门的行为。协同是在意愿、能力、成本三者互相影响基础上的组织"理性行为"。一次特殊事项请其他部门帮忙，哪怕很麻烦，如由于事项比较重要、紧急，也能够促成合作。但如果需要频繁、多次的合作，需要承担大量琐碎繁杂工作时，其他部门是否还会参与，是否还会真正用心地推进工作值得我们思考。

我们要把协同联动看作一个组织和部门的理性行为，既然是理性的，就要思考三个问题：是否有参与协同的意愿，是否有参与协同的能力，协同的成本是什么？

在意愿方面，需要考虑与其他部门推动工作、解决问题、联动协同时，双方是否能就工作的重要程度、职责和社会价值达成共识。我们经常认为自己的工作很重要，其他部门也这样认为吗？我们认为其他部门需要承担责任，他们也这样认为吗？我们认为协同联动推动问题解决有社会价值，他们能与我们达成这样的共识吗？所以，在跨部门、跨主体的联动上，在推动问题的解决上，热线有没有与其他部门真正形成共识，有没有形成责任与权利的清晰边界以及价值认定，都是影响其他部门参与热线工作的意愿方面的考量因素。

在政务热线工作开展当中，领导重视十分重要，但具体工作多由一线基层工作人员承担。当前，基层的工作任务比较繁重，经常出现人手不够的情况。因此，在能力方面，我们需要考虑其他部门参与热线工作时是否有专门的工作人员对接、是否有相应的资金投入、是否有技术和平台来支撑协同的实现。除此之外，在组织外部，行政环境如何，平台依托如何，管理机制是否完善等也是需要考量的重要因素。组织内部的资源要素以及组织外部的环境、平台和管理机制构成了我们理解热线和其他部门之间协同能力的基础。

在成本方面，一次性合作的成本较小，问题不大，但如果要形成有效的、常态化的协同，势必要考虑整个协同工作开展过程中的组织成本问题和部门成本问题，包括显性成本及人力、时间、资金和相关行政成本等，以及隐性成本，如机会成本、风险考量等。

意愿、能力、成本三个维度的因素共同影响热线与其他部门之间的协同，事实上，三者之间的互动关系也受到许多内外部因素的影响，受制于一个特殊情境。例如，政策调整、专项工作，领导的注意力和重视，以及热线主管部门对协同的理解和重视程度、对热线角色的判断和认识等。

三 优化方向与建议

综上所述，笔者提出以下几点优化方向与建议。

第一，理念创新与共识，打破认知困境。有关部门要通过新的理念和共识，提升各地政务热线对于未来协同战略重要性和发展方向的认知。再次强调，热线不是单纯的服务渠道，而是当前现代化政府治理依托的重要平台和治理枢纽，其核心价值在于链接。热线只有和其他政府部门、系统平台和主体等形成有效的链接，才能成为枢纽，才能在信息流、数据流和业务流上不断地形成链接，协同推动疑难问题的解决，其作为平台和枢纽的角色和价值会进一步得到体现与释放。

第二，制度与管理创新，打破治理困境。政务热线当前协同的困难，核心是治理困境，是顶层设计不完善、统筹力度不够，制度不完备、管理机制不完善等导致的。热线当前面临的最大能力短板是制度与管理的短板。在政务热线组织欠缺的资源里，最关键的是行政资源。也就是说，推动热线协同的核心，需要人、资金、平台、技术等，但最需要的是管理和制度。只有在顶层设计上实现突破，不断优化管理制度，推动协同从偶发式变成常态化，从碎片式的变成整体性的，才能让协同工作的开展变得有序。

第三，能力与技术创新，打破业务困境。具体在一线工作的业务层面，要在知识库共享、信息系统互通、业务标准建设、培训考核等多个方面入手打破实施中的业务困境。

第四，压力到激励转变，提升内生动力。以往政务热线的主管部门对承办部门进行了效能排名，并通过汇报领导、借助媒体对外公开等方式公布排名结果，以给表现较差的承办单位施加压力。但就未来发展而言，要实现从压力型方式到激励型方式的转变，就要完善激励机制，让其他部门、主体能真正从协同中获益，提升工作质量与效率，降低工作压力与成本，深刻理解协同的价值和作用，从而提升协同的内生动力，确保协同的稳定性、持久性和韧性。

政务热线大数据赋能社会治理现代化

饶耀全[*]

政务热线大数据赋能社会治理现代化将从政务热线大数据的发展背景、政务热线数据处理的现状与痛点、政务热线数据应用的解决路径、政务热线发展远景与展望四个方面展开分享。

一 政务热线大数据发展背景

从时代发展的角度来看，政务热线的归并与整合不仅标志着其发展进入了一个新的阶段，而且预示着这将是一种质的飞跃。自1983年沈阳市设立了全国首个市长热线以来，热线电话成为地方政府与公众之间的重要沟通桥梁。在那个时代背景下，热线主要用于解决从计划经济向市场经济转型过程中出现的各种民生问题，如证件办理、教育政策咨询等。受技术条件的限制，当时的话务员只能通过手工方式进行工单记录，数据存储能力也十分有限。

随着时间的推移，各类专业服务热线如雨后春笋般涌现，这些热线以市长热线为基础，逐渐独立出来，形成了各自的业务领域。例如，用户和诉求较多的人社类、税务类等。这些专业热线的出现，标志着政务热线开始向专业化、精细化方向发展。与此同时，政府部门开始注重提升热线服务的质量和效率，强调服务意识和管理规范化。

---

* 饶耀全，中山大学－科大讯飞人工智能与政府治理创新联合实验室执行主任。

从政策指引的角度来看，提升数据分析能力并加强数据共享是政府对热线机构最重要的要求。进入 21 世纪 20 年代，政策层面开始对热线整合与归并工作提出明确要求。2020 年，《国务院办公厅关于进一步优化地方政务服务便民热线的指导意见》（国办发〔2020〕53 号）明确指出要统一 12345 热线的信息共享规则，实现各热线之间的互联互通和信息共享，为政府部门提供事中事后的监管支撑。这一政策的出台，标志着政务热线开始走向全面整合与升级。各地方政府积极响应，迅速开展整合与归并工作，将各类热线归并至一个统一的号码——12345，这不仅方便公众记忆和拨打，而且提高了热线的整体服务能力和效率。

然而，热线的归并与整合并不是终点，反而是新的起点。对于政务热线来说，提升服务质量、提高服务效率的需求将更加迫切。政策层面明确要求加强数据共享应用、最大化挖掘数据价值。在国家政策指引下，各省区市积极推进大数据分析系统在热线中的应用，加强数据分析能力建设，以满足政务热线发展的基础要求。同时，这也意味着政务热线的职能价值正在发生深刻变化。

近年来，政务热线管理部门的职能价值已经从过去单纯解决服务过程中的问题逐渐转向对国家治理体系和治理能力的支撑作用。通过数据分析治理的基础条件，12345 热线的职能价值正逐步向数据分析支撑社会治理过渡。这种转变不仅反映了政府对热线电话的重视和信任，也体现了热线电话在推动社会治理现代化中的重要作用。

二　政务热线数据处理的现状与痛点

通过对政务热线数据现状及痛点进行深入剖析，笔者发现了以下几个方面的问题。

首先，政务热线部门在数据处理方面面临着巨大挑战。目前，政务 12345 热线数据量极为庞大，且种类繁多，涵盖医疗、教育、就业、住房等多个社会领域。同时，数据的存储方式也极为复杂，包括语音、文本和视频等多种形式。然而，大部分政务 12345 热线部门并不具备对这些数据进行深度加工和结构化处理的能力，这无疑是一个亟待解决的问题。

其次，目前大部分城市的政务 12345 热线尚未建立完善的数据开放与共享体系。这些热线数据大部分仅在内部运营部门使用，主要用于工单派发和问题解决情况的跟踪。然而，这种处理方式并未充分发挥数据的价值，对社会治理的支撑和协作效果并不明显。实际上，通过对收集的工单数据进行深度分析，我们可以提出有针对性的改善建议，并将这些建议反馈给相关部门，为其改进管理方式、提升管理能力提供有力支撑。

最后，政务热线数据分析应用的形式相对简单，大多停留在统计层面。现有的日报、周报和月报等分析手段无法满足深度分析的需求，例如对热点事件、重大事件或激增事件的专题分析。这导致了信息熵不足，大量数据被高度浓缩，使得一些数据背后隐含的信息被掩盖和忽视。

综上所述，为了更好地发挥政务热线数据的价值，需要采取系统化、智能化、体系化的方法进行数据分析，并以此为社会治理提供支撑。基于上述思考，可以提出以下几个解决路径。

三　政务热线数据应用的解决路径

首先，理数据。面对海量的数据和不同文本类型的数据，需要按照它们的类别建立起相应的数据库。

其次，提能力。在拥有数据库的基础上，需要将海量的数据进行结构化处理，将语音转化为文本，并利用要素抽取工具建立要素库和数据专题库。这些库将成为后续数据应用的重要支撑。

再次，促应用。通过利用要素库和专题库，可以为不同的部门提供不同的数据服务。例如，对于 12345 的运营部门，可以为其提供座席话务数据和工单数据。对于委办单位，可以为其提供与绩效考核相关的数据。而对于政府，可以为其提供舆情相关的数据。

最后，强运营。12345 是一个循环，需要人员持续进行运营管理。只有通过持续的数据分析和处理，才能使数据的价值得到持续展现。因此，需要提供全域级的运营服务，以确保数据的持续利用和价值的最大化。

（一）理数据

理数据需要对政务热线的业务场景进行深入梳理，以实现对数据的精细化管理。在数据沉淀入库的过程中，我们需要根据不同业务需求，建立有针对性的数据库，以确保数据的有序性和规范性。

对于政务 12345 的运营部门来说，他们关注的是接听率、受理过程中的平均空旷时长、办结率、用户满意度等关键绩效指标（KPI）。这些数据能够反映热线的服务质量和服务效率，是运营部门进行决策和改进的重要依据；对于委办单位来说，他们更关注的是工单的响应率、答复的解决率等指标数据。这些数据反映了委办单位对市民诉求的响应能力和服务水平，是他们进行工作评估和改进的重要依据；对于政府来说，他们关注的是行政职能部门的一些效能数据。这些数据反映了政府在行政管理和公共服务方面的效率和成果，是政府进行决策和规划的重要依据。

因此，为了满足不同部门的需求，我们建议运营部门建立以下三类数据库。

话务服务数据库：该数据库主要对座席实时状态、接通状态、服务量进行统计，以提供热线话务服务状况的实时监控和数据分析。它能够为运营部门提供关键的运行指标和实时数据，以便进行话务预测和资源调度。

受理运营数据库：这个数据库主要对工单受理情况进行统计，包括区县、街道（乡镇）的受理情况、办理情况以及累计统计分析。通过该数据库，我们可以获取到详细的工单处理信息，从而对委办单位的工作情况进行全面评估。同时，它还可以为运营部门提供工单趋势分析和问题预警，以便及时调整运营策略。

决策支撑数据库：这个数据库能够对数据进行深入分析和挖掘，为政府和运营部门提供决策支持和问题预警。例如，通过督办统计相关分析，可以按月、按季度对回复状态的时长和回复状态的情况进行统计。此外，该数据库还能够对重大事件、激增事件和热点事件进行全面的事件统计和分析。通过这些数据，可以及时掌握社会动态和公共需求的变化趋势，为政府决策提供有力支持。

同时，还需要建立告警事件统计系统。该系统能够对异常事件进行实时监测和预警，确保政务热线的稳定运行和服务质量。并且其通过对事件标识、类型、时间等信息进行统计和分析，可以及时发现和处理潜在的问题和风险，保障热线服务的连续性和高效性。

综上所述，通过对政务热线数据进行深入分析和精细化管理，可以为不同部门提供全面、准确的数据支持和服务。通过建立专业的数据库和告警事件统计系统，可以更好地满足政府、委办单位和运营部门的需求，推动政务热线服务的持续改进和发展。

（二）提能力

在构建了上述数据库之后，就需要提能力。政务 12345 的数据涵盖了多种来源，包括电话录音、文本交互、政策文件、基层治理数据和实时的监测数据。为了实现数据的体系化管理，需要利用先进的数据处理工具和方法，对数据进行深度清洗、精确转换和高效装载。通过这些步骤，可以确保数据的准确性、一致性和完整性，为后续的数据分析提供可靠的基础。

一旦数据变得结构化，可以利用先进的数据抽取工具和算法，从这些结构化数据中提取出关键信息。针对不同类别的关键词，可以建立全面的关键词库，以便后续的数据分析和知识管理。

接下来，可以利用数据挖掘和机器学习等技术，对数据进行深入分析和建模。通过聚类分析、关联规则挖掘等手段，可以将数据进行分类、整合和精细化，形成具有专题性质的数据集。这些专题数据集可以为政府决策提供有力支持，帮助政府更好地了解社会需求和问题，从而更有效地进行公共管理和服务提供。

除内部运营外，还建议对外提供数据接口服务，以实现数据的开放和共建。通过开放数据接口，其他委办单位可以方便地了解其下属各部门所负责的工单情况。同时，热线部门也可以通过接口服务向委办单位传输相关数据，实现数据的共享和共建。

这种开放和共建的模式可以促进不同部门之间的信息共享和业务协同。通过数据的共享，可以提高数据的利用效率，加强部门之间的协作和沟通。同时，这也有助于提高政务热线服务的质量和效率，为社会公众提供更优质的公共服务。

（三）促应用

第三个方面是推动应用，以发挥热线数据在推进现代化治理方面的作用。目前，热线数据的应用主要面向三类部门：政务热线的运营管理部门、委办单位和决策部门。

对于政务热线的运营管理部门而言，热线数据的应用主要体现在对座席状态统计、班组考勤统计、话务员话务量统计以及热点业务统计等数据的分析上。这些数据能够反映热线的运营状况，为运营部门提供重要信息，以便进行决策和改进。

对于委办单位，热线数据的应用主要集中在绩效督查分析和相关数据的获取上。通过获取督办考核等数据，委办单位可以进行针对性改进，提高工作效率和服务质量。

对于决策部门，热线数据的应用主要表现在对近期热点的话题、最重大的事件以及突然增多的电话事件等数据的分析上。这些数据可以为决策部门提供重要参考，帮助决策者了解社会需求和问题，从而更有效地进行公共管理和服务提供。

政务热线数据分析平台是实现热线数据应用的重要工具。该平台可以整合多种数据源，包括热线系统的话务数据、业务工单系统的工单数据、智能化应用系统的智能化数据以及外部互联网的数据。通过该平台，我们可以实现贯穿接听、受理、派单、回访全流程的数据分析。

在具体指标方面，我们将从不同节点提取相关指标数据，包括话务接听率、受理时长、派单效率、回访及时率等，并针对这些指标进行深度分析和挖掘。同时，我们还将建立完善的指标评价体系，以客观评估热线服务的质量和效率。

政务热线数据分析平台可以实现用数据思考、用数据说话、用数据进行预测、用数据进行决策的目标。政务热线数据分析平台的一个重要应用是"1＋3＋n＋4"。其中"4"指4类数据,包括热线系统的话务数据、业务工单系统的工单数据、智能化应用系统的智能化数据以及外部互联网的数据。

在拥有了这4类数据之后,有"n"项指标,贯穿从接听到受理,到派单到回访全流程。在不同节点提取出相关指标数据,梳理出"3"大体系。首先面向12345的运营管理体系,进行话务接听的分析、工单受理的分析,进而做出整体的数据治理分析。其次面向委办单位,做一些效能督查的分析以及知识库的相关分析。最后面向决策部门,主要对一些重大事件、激增事件和热点事件进行分析。

这三大应用体系其实最后都通过"1"个平台承载,也就是12345的数据运营分析平台。目前其他城市也做了一些探索,例如可以生成的话务数据分析总览,对整体的话务情况进行具体分析,包含接通情况、整体话务情况等。此外,还在其他城市进行业务工单上的一些探索,形成受理数据分析总览,包含整体的工单情况、不同工单排名、用户满意度排名。最后是舆情分析系统。该系统实际上对所有的数据都做了深度分析,并且生成了一些问题和事件,例如可以显示交通方面在近期反馈最多的一些问题;同时还可以对近期的一些热点进行关键词统计,从2022年的数据中可以看到去年热点显示的都是疫情相关的关键词。

(四) 强运营

持续运营是实现数据价值化的关键所在。在持续运营过程中,主要关注的有四个方面。

第一,从基层层面来看,需要了解热线发生了什么。这主要通过信息化统计和数据分析来实现。例如,如果数据显示近期房产纠纷相关的通话增多,那么就可以推断近期主要的事件与房产有关。

第二,从中层层面来看,需要了解为什么会发生这样的事件。这个阶段需要进行深度数据分析,以发现数据的内在规律。通过分析,我们会发现一些规律,例如,在年底或季度末,以及楼盘交房的高峰期,房产纠纷的电话数量会明显增多。

第三，基于以上分析，从高层层面来看，需要预测"将要发生什么"。这可以通过智能化预警来实现。例如，在未来某个时期的交房高峰期，热线部门可以提前向相关单位发出预警。

第四，从决策层面来看，需要知道"应该做什么"。通过对话务信息的分析，可以为政府相关部门提供决策依据，以便提前制定应对措施。

通过以上优化，可以更清晰地表达持续运营服务在数据价值化过程中的重要性以及不同层面的关注点。

四 政务热线的发展远景与展望

展望政务热线数据的发展趋势，可预见到未来将聚焦于三个核心领域。

首先，构建集约化的数据中心。这一战略的核心在于打通社会治理全过程中的数据整合与数据应用环节。通过这种方式，将推动各政府部门之间实现结构化数据的共享与流通，从而建立一个高效、集约的数据中心。未来不仅需要高效地存储海量数据，更需要通过数据治理来提高数据质量，包括数据抽取能力的建设，并形成一个集约化的数据中心。同时，将考虑为其他委办单位提供数据共享接口，以进一步扩大政务热线的应用范围。

其次，创建政务热线服务运营中心。目前，政务热线已经形成了多渠道的服务模式，包括电话、网页、手机 APP 以及微信等。为了提高服务效率和质量，在未来需要构建一个统一的运营中心，并使该中心能够在多个渠道发挥协同作用。这将结束不同系统之间"烟囱式"服务平台的建设模式，实现多渠道服务的无缝衔接。

最后，建立城市治理的智能支持平台。对于热线数据的分析，不仅需要提供日报、周报和月报等基本统计信息，更需要通过深度挖掘和分析来洞察舆情。此外，还需要对重大事件、关键事件以及激增事件进行深度剖析，为城市治理提供决策支持。同时，将积极推动各委办部门之间的联动和反馈闭环机制的建立，以实现更高效的城市治理。

研究报告

2023 年（第四次）全国政务热线服务质量研究报告[*]

一 研究背景

（一）政策指导

近年来，国务院办公厅印发了《关于进一步优化地方政务服务便民热线的指导意见》《关于推动 12345 政务服务便民热线与 110 报警服务台高效对接联动的意见》《关于依托全国一体化政务服务平台建立政务服务效能提升常态化工作机制的意见》等系列指导意见，强调要提升热线服务效能、提高政务热线为民服务水平，凸显了国家对政务热线服务增质提效的重视。各地政务热线也以系列文件精神为指导，不断提高热线服务质量，有效回应与解决群众诉求。

（二）主要进展与不足

在过去的 40 年里，政务热线始终坚持以人民为中心的服务理念和高质量发展的方向，不断提升热线服务质量。第一，优化渠道、规范流程，改善服务体验。各地政府积极推动热线归并整合，拓宽多元互联网渠道，并出台政务热线管理办法，提升服务质量、效率和规范程度。第二，资源整

---

[*] 本文内容摘自 2023 年 10 月由中山大学数字治理研究中心、中国经济信息社、中国互联网协会数字政府发展工作委员会、清华大学数据治理研究中心联合发布的《2023 年（第四次）全国政务热线服务质量评估报告》。

合、业务联动，提升服务效能。各地不断创新制度、优化管理，完善业务联动机制与政企合作模式，提升资源配置效率和服务能力。第三，数字驱动、数据赋能，探索精准服务。各地纷纷加大对热线数字化与智能化转型的投入，深入挖掘热线数据价值，改善服务精准性与预见性。第四，提升企业服务能力，优化营商环境。大多热线在多个渠道均开设了营商服务专席，并建立了涉企诉求快速处置机制、推送制度，为企业提供一站式服务。

然而，当前政务热线的服务仍存在多种问题与不足，影响群众满意度的提升，制约政务热线价值的发挥。第一，效率不高、体验不佳。热线仍存在渠道不够通畅、工单流转效率低等问题。第二，协同力弱，回应不强。热线与其他政府部门之间的协同模式不成熟，存在职能交叉、互相推诿等问题，回应性不足。第三，数字建设效果不佳，未能达到预期。目前热线互联网渠道承载力有限，数据治理能力不高，建设思路不清晰，难以有效推动政务热线的数字化建设。第四，面临多重困境，价值难以发挥。资金、人力、场地、技术等资源和体制机制支撑不足，制约着热线服务质量的提升。

（三）高质量政务热线服务的价值

高质量的政务热线服务面向群众、政府和企业三类不同的对象，产生了重要价值。其一，服务群众，构建社会价值。高质量政务热线服务能够为老百姓便捷高效地解决问题，有利于提高群众对政府治理的满意度和信任度，推动群众参与，实现价值共创。其二，服务政府，创造治理价值。海量、高质的政务热线数据可以为城市管理提供辅助支撑，推动管理决策精准化和治理现代化。其三，服务企业，构建市场价值。便捷高效的热线服务平台在优化审批程序、完善监管等方面有着积极作用，有利于提供高效服务、实现有效监管和建设良好的营商环境。

（四）研究问题

在群众和企业对政务热线服务需求日益增长的背景下，本研究关注的核心问题是：当前我国各地政务热线的服务质量如何？存在哪些问题？又应当如何改善？本研究希望通过全面、客观的分析研究，系统、准确地反映我国政务热线服务的现状和问题，并为热线服务质量的优化和提升提供有针对性的建议。

二 研究方法

（一）研究框架

1. 整体研究思路

基于政务热线的发展定位和建设方向，借鉴国内外政务热线研究的相关理论和实践经验，结合我国政务热线的发展现状与创新探索，充分考量指标的可操作性，本研究构建了政务热线服务质量分析体系（见表1）。政务热线服务属于公共服务的一部分，其质量分析必须兼顾服务绩效和群众感知两个层面。因此，本研究基于目标、过程两个维度，构建了"目标实现"和"过程体验"指标模型。

表 1 政务热线服务质量分析体系

一级指标	二级指标	三级指标	权重
目标实现	可及性	电话渠道可及	15%
		互联网渠道可及	5%
	精细度	企业服务	6%
		特殊群体服务	4%
	有效性	解答效率	10%
		解答形式/效果	15%
过程体验	高效性	接听效率	3%
		转接效率	3%
		通话效率	3%
		资料查询/通话中等待时长	3%
		便捷/智能化工具应用	3%
	规范性	礼貌用语	3%
		细节确认	3%

一级指标	二级指标	三级指标	权重
过程体验	规范性	耐心倾听	3%
		语言表达	3%
	互动性/交互性	及时回应	3%
		讲解引导	3%
		结果可查	3%
	开放度	案例公开	3%
		知识共享	3%
		数据开放	3%

资料来源：作者自制。

2. 分析指标构建

目标实现反映了政务热线的管用程度，关乎群众能否通过拨打政务热线达成获取信息、提供反馈等目的。政务热线的基础职责在于为群众提供非面对面、非紧急情况下的政务服务，这一过程主要受到服务资源的易获得性以及服务效果的影响。本研究主要从可及性、精细度和有效性三个维度构建目标实现的测量指标。

过程体验反映了政务热线的好用程度，包括政务热线服务的便捷性、流畅性以及服务的实际价值。获得良好的服务体验是群众在目标实现基础上对政务热线服务过程质量的更高层次要求。本研究从高效性、规范性、互动性/交互性、开放度四个维度对政务热线服务的过程质量展开分析，评价政务热线的整体服务流程能否为群众创造良好的过程体验。

（二）数据采集与分析

本研究通过对电话渠道和网络渠道的调查获取全国 333 个地市级政务热线发展的相关数据，并通过描述性统计进行比较分析。

1. 数据采集

在文献梳理和实地调研的基础上，本研究结合政务热线服务质量分析体系进行电话渠道模拟拨测和网络渠道分析的问卷设计。其中，电话拨测通过情景模拟方式，分别在高峰和非高峰时段匿名拨打热线电话，对市民咨询和企业咨询共十大场景、51 个代表性事项进行测试（见表 2、表 3）。

表 2　市民咨询事项类型

公安户政类	住房类	教育类	社会保障类	劳动人事类
驾驶证期满换证/丢失补办	开具无房证明	转学流程	社保卡申领	职业技能补贴
驾驶证异地转入	房产过户	学籍档案信息变更	社保转移	创业补贴
车辆年审	公积金提取	学历学位认证	打印社保流水	房产证加名
身份证期满换证/丢失补办/异地换证	公积金转移		办理社保补缴	
户籍迁移	房屋登记租赁备案		申请低保	
出生医学证明	老旧小区加装电梯		医疗保险生效时间	
车辆过户	公积金贷款	—	异地医保报销	—
			失业保险金申领	
—	—		产假	
			生育津贴	
			养老保险金申领	

资料来源：作者自制。

表 3　企业咨询事项类型

惠企政策类	准营准办类	设立变更类	社会保障类	其他类
高新技术企业认定条件	开办企业/个体户	企业名称变更	社保基数申报修改	商铺转让
稳岗补贴政策	申办《食品经营许可证》	企业地址变更	职工社保补缴	申请《建筑工程施工许可证》
创业担保贷款申请条件（创业类补贴）	美容美发经营许可证		单位查询或打印社保信息	
小微企业招收高校毕业生的补贴政策	公司注销		单位参保信息变更	
	个体户注销	—	单位参保登记	—
—			单位公积金账户设立	
	—		职工公积金补缴	

资料来源：作者自制。

2. 数据分析

本研究基于分析框架，通过描述性统计对采集到的地市层面数据进行多维度对比分析；根据分析体系中设置的指标权重，计算各地政务热线服务质量总得分。同时，为了让结果更有参考性，本研究按照行政级别和人口规模划分城市类型，方便同类城市之间进行比较分析，有助于角色功能、资源整合能力等维度存在差异的城市互相交流学习政务热线发展经验，以此为各地政务热线提供更具参考性和比较性的结果。

三　研究发现

（一）关键指标

从整体来看，全国政务热线服务质量得分为 74.54 分（满分为 100 分），相较去年有所提高。疫情之后，热线话务压力有所回落，同时各地不断优化政务热线服务，热线整体服务质量明显提高。从电话渠道来看，政务热线整体接通质量仍有待提升，且服务效率较低；从互联网渠道来看，自助下单、知识查询等功能比较完备，但数据分析报告公开还有提升空间（见图 1）。

（二）目标实现

一级指标"目标实现"下的二级指标表现如图 2 所示，样本城市热线"精细度"指标得分明显低于"可及性"和"有效性"。可见，政务热线需要面向差异化对象提供更具针对性的服务。

1. 可及性

可及性反映政务热线电话渠道和互联网渠道的通畅程度。总体而言，电话渠道可及性明显优于互联网渠道可及性（见图 3），表明拨打电话仍是现阶段群众获取政务热线服务的最主要方式。

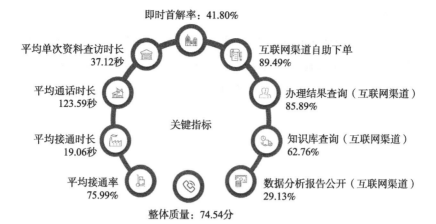

图 1　全国政务热线服务质量关键指标表现

资料来源：作者自制。

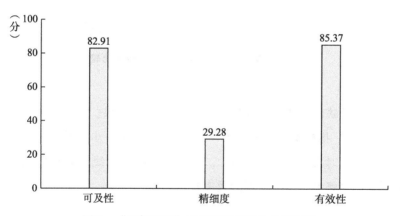

图 2　"目标实现"二级指标的平均分与比较

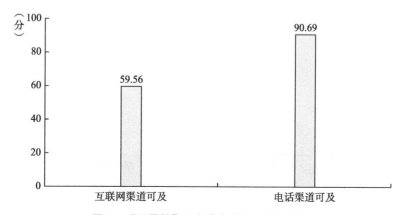

图 3　"可及性"三级指标的平均分与比较

2. 精细度

"精细度"指政务服务热线在服务内容、服务对象方面的精细程度。数据结果显示，样本城市热线在"企业服务"和"特殊群体服务"这两项指标的平均得分处于较低水平（见图4）。

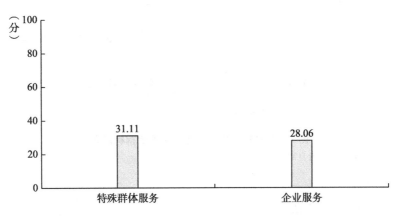

图4 "精细度"三级指标的平均分与比较

3. 有效性

有效性反映政务热线实际解决问题的效率与效果。如图5所示，"解答形式/效果"指标整体表现优于"解答效率"。进一步来看，全国热线电话渠道平均即时首解率为41.80%，可见目前政务热线能够在群众首次提问时立刻回复解答、解决问题的效率较低。

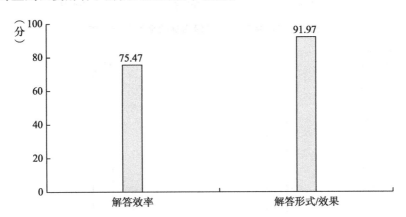

图5 "有效性"三级指标的平均分与比较

（三）过程体验

在总体得分上，样本城市热线在"过程体验"下的二级指标表现大致可以分成两个层次：第一档包括"高效性"、"规范性"和"互动性/交互性"，平均得分较高；第二档包括"开放度"，得分与第一档相比呈现明显差距（见图6）。

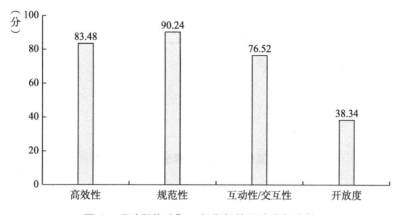

图6 "过程体验"二级指标的平均分与比较

1. 高效性

高效性反映政务热线的服务效率，包括接听效率、转接效率以及与话务员的沟通效率等维度。样本城市热线在接听、转接、通话等方面效率较高，然而"便捷/智能化工具应用"指标得分较低（见图7），在设置语音导航、提供便捷下单等方面仍存在短板。

2. 规范性

规范性指热线话务员在提供服务过程中的规范程度，包括礼貌用语、细节确认、耐心倾听、语言表达四个方面。从结果上看，样本城市热线能够较为规范地为群众提供服务，但在礼貌用语方面仍有待加强（见图8）。

3. 互动性/交互性

互动性/交互性指热线服务渠道在信息上、功能上和流程上的交互程度。数据结果显示，样本城市热线基本能在沟通过程中保持互动，大部分诉求办理结果都可以通过互联网渠道进行查询。但"讲解引导"指标得分偏低，热线宣传内容未能很好地覆盖使用方式、服务范围等要素，导致效

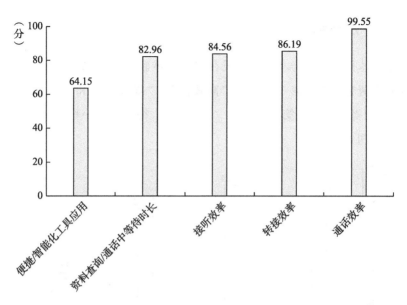

图7 "高效性"三级指标的平均分与比较

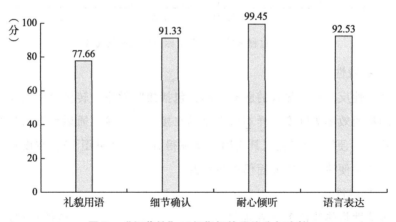

图8 "规范性"三级指标的平均分与比较

果不佳（见图9）。

4. 开放度

政务热线的信息透明程度、知识共享水平及数据开放水平构成了热线的开放度。整体而言，我国样本城市热线的开放度不高（见图10），在开展热线工作宣传、公开热线服务数据情况等方面表现欠佳，知识查询功能不完善，不利于群众对热线服务的了解和监督。

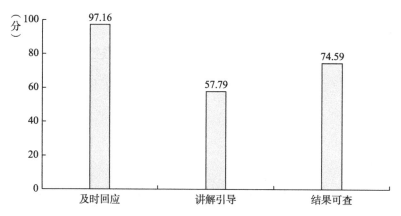

图 9　"互动性/交互性"三级指标的平均分与比较

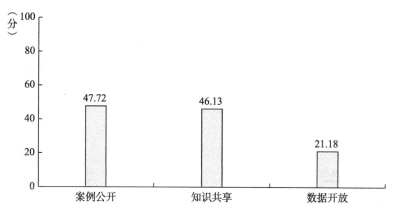

图 10　"开放度"三级指标的平均分与比较

（四）整体情况

1. 一级指标的整体分析

从一级指标"目标实现"和"过程体验"来看，样本城市热线在两项指标上的表现情况较为相似（见图 11）。以 100 分为满分，2023 年"目标实现"的平均得分为 74.28，"过程体验"的平均得分为 74.86，与 2022 年对比均有大幅度提升，且两者分差逐渐缩小，说明全国政务热线建设正在有效补齐短板，夯实基础。整体而言，两大指标分数都还有较大提升空间。

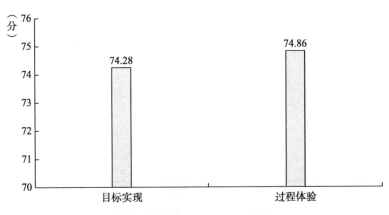

图 11　一级指标的平均分与比较

2. 区域比较

全国七大区域政务热线服务质量总平均分如图 12 所示。各区域间政务热线服务质量发展不均衡，东部、南部沿海地区有较为明显的优势。与 2022 年相比，地区之间的差异明显缩小。

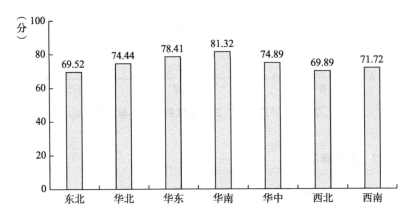

图 12　政务热线服务质量平均分分区域比较

从一级指标平均得分来看，在"目标实现"方面，华南地区样本城市热线的平均得分最高，在"过程体验"方面，同样是华南和华东地区表现突出（见图 13）。

3. 城市类别比较

从城市类别来看，本研究在剔除 36 个重点城市后将剩余的近 300 个城

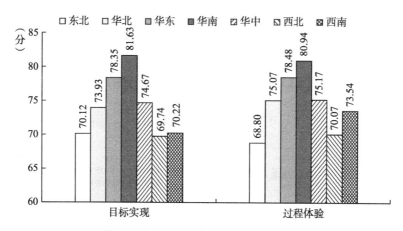

图 13 分地区一级指标的平均分与比较

市进行对比分析，数据结果显示，"目标实现"和"过程体验"两项指标均为特大城市取得最高分（见图 14），中小城市平均得分远低于其他类型城市。可见，城市规模越大，政务热线的服务能力越强。

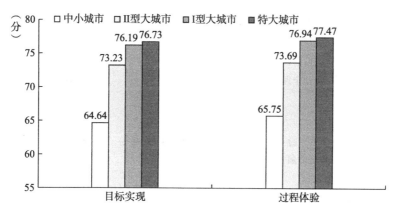

图 14 分城市类别一级指标的平均分与比较

4. 等级排名

不同类型城市政务热线服务质量等级排名见图 15。

从全国各省份来看，政务热线服务质量分析呈现整体得分较为可观、区域之间得分差异较大、得分大致从东南向西北递减的特点（见图 16）。

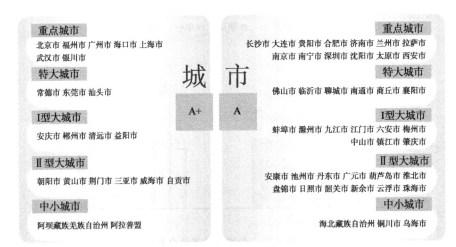

图15 政务热线服务质量等级 A + /A 城市

资料来源：作者自制。

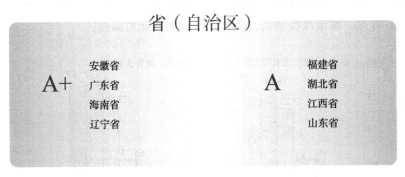

图16 政务热线服务质量等级 A + /A 省份（自治区）

资料来源：作者自制。

（五）重要发现

1. 基本面：整体向好，短板明显

新冠疫情过后，政务热线的话务压力有所缓解，服务过程和细节不断优化。然而，从关键指标来看，短板也较为明显，主要体现在接通率、服务效率和开放度上。第一，"打不通"。在拨测的12785通电话中，平均接通率为75.99%。第二，"接得慢"。平均接通时长为19.06秒，低于近年来行业的共识标准15秒。第三，开放度不高。仅有不足三成的政务热线在

互联网渠道上公开数据分析结果与报告。

2. 渠道比较：电话渠道表现良好，互联网渠道依旧薄弱

从 9715 个电话端的有效评测样本来看，87.96% 的话务员能进行完整、清晰和有针对性的解答；85.00% 的话务员告知了派单流程、答复时限、查询进度或结果的方式。虽然 93.40% 的政务热线设立了互联网渠道，但从对 333 个城市政务热线的互联网渠道评测来看，功能和服务不够完善。仅有 26.43% 的互联网渠道有在线人工客服，仅有不足一半的政务热线互联网渠道面向企业和特殊群体提供具有针对性、个性化的服务。从渠道的比较来看，政务热线的服务依旧倚重电话端，互联网渠道的服务可及性与能力不足。

3. 服务体验要有针对性改进

政务热线的服务效率和开放度不高。结合有效评测样本数据分析结果来看，人工服务的平均接通时长为 19.06 秒，转接热线内部其他队列/座席的平均等待时长为 27.67 秒，发起第三方通话或转接的平均等待时长为 44.68 秒，平均单次资料查询时长为 37.12 秒。同时，仅有不足七成的政务热线在互联网渠道上公开相关服务案例，仅有六成左右的政务热线在互联网渠道上提供知识库查询功能。

4. 区域间、城市间差距明显

全国七个不同区域之间相比，华南地区政务热线的服务质量最高，平均得分 81.32 分。相比较而言，西北和东北区域的政务热线服务质量明显低于其他区域。此外，从城市类别来看，中小城市的平均得分在 65 分左右，明显偏低。

四　建议与展望

为进一步提升政务热线服务质量，需要在制度层面明确热线的定位和战略规划，优化政务热线的运营管理机制，并确保充足合理的资源投入，促进政务热线和新一代信息技术深度融合，不断提高涉企服务能力和应急

保障能力，提高新时代背景下政务热线的服务效能。

（一）政务热线服务质量改善的优化建议

1. 明确政务热线的定位和战略规划

政务热线的管理者和实践者需要重新审视热线的定位和发展战略，积极推动热线从单一的信息传输渠道转型升级为综合性的社会治理枢纽，重点强调热线协同治理的重要枢纽和便捷高效的服务平台两大角色定位，提升政府各部门的协同能力和业务整合能力，实现工作流程的规范化、管理运行的高效化和政务服务的便捷化，在切实解决群众诉求的基础上，不断优化服务质量。

2. 优化政务热线的运营管理机制

高质量的服务离不开完善的管理制度，在人员管理上，通过优化招聘、培训、考核激励等方式来改善人员管理水平，建立起科学的考核问责机制；在规范标准上，要推进在话务接听、工单流转、考核督办等多个方面的规范探索，建立起科学统一的标准；在制度建设上，需要理顺体制机制，破解工单流转、疑难问题处置低效等困境。

3. 保障政务热线的资源投入

政务热线的数字化转型需要物质资源的支撑和保障。人员上应合理配置人员数量与结构，减少流失率，打造学习型、成长型队伍；资金上应合理测算需求，向一线工作人员以及数字化建设领域适当倾斜；领导力上应提高管理者、领导者对政务热线服务能力与质量的系统性认识；技术上应保障互联网渠道、数据治理等的建设，适当开展智能化探索。

4. 有针对性推进专项建设

政务热线应针对企业服务和应急管理两大方面进行有针对性的专项建设。在涉企服务能力方面，一是要畅通企业服务渠道，提升企业诉求的服务质量；二是要夯实企业服务基础，搭建定期更新的专业知识库；三是要完善涉企管理制度，建立起行之有效的问题解决机制。在应急保障能力上，一方面要建立应急联动机制，加强各部门协调联动；另一方面要加强现代信息技术的应用，为提高热线应急响应能力提供数字化支撑。

（二）未来展望

在过去的 40 年间，虽然政务热线服务水平不断提升，但当前政务热线仍然面临着诸多问题。未来政务热线需要基于"现代化政务服务体系建设"视角重新明确定位，基于"优化用户体验"视角重新理解政务服务，逐步转型为便捷高效的服务平台、协同治理的重要枢纽和精准治理的有力支撑，探索出热线发展的"中国模式"，引领全球政务热线发展。

辽宁省政务热线发展研究报告

——省域政务热线建设的"辽宁样本"*

一　引言

近年来，在国家政策的支持下，政务热线的建设发展从以城市为单位的"点"向以省份和区域为单位的"面"转型。省级政务热线建设的价值主要体现在四个方面：一是及时有效解决省级层面的群众诉求，二是推动市域政务热线的建设与发展，三是促进省级政府数字化转型，四是推动省域治理体系和治理能力现代化。国家、省、市三级的信息协同，推进了城市、区域间的有效联动，为全国一体化政务服务建设提供思路。

根据省级平台所发挥作用的差异，可以将建设模式划分为监督型、拓展型与枢纽型。监督型主要侧重于对地市热线运营服务能力的监督考核；拓展型更强调向群众、企业提供多元和差异化的服务；枢纽型则更重视与地市热线之间的联动协同。

辽宁省级政务热线的建设发挥了枢纽功能，带动全省政务热线发展。一方面，其为地市政务热线建设发展提供支撑保障，推动地市政务热线各方面的标准化、规范化建设；另一方面，省级政务热线平台发挥统筹协同作用，优化资源调度与经验推广，推动省内政务热线建设均衡化、整体化发展。辽宁省的探索超越了"省级"平台局限，充分发挥引领作用，对接

　＊　本文内容摘自 2023 年 10 月由中山大学数字治理研究中心、中国经济信息社政务智库事业部联合发布的《辽宁省政务热线发展研究报告——省域政务热线建设的"辽宁样本"》。

下来全国政务热线的建设发展有着十分重要的借鉴和推广意义。

二 发展历程与创新探索

（一）发展历程

在辽宁省政务服务便民热线发展的近二十年的时间里，辽宁省始终紧随国家步伐，秉承"民之所忧必念之，民之所盼必行之"的服务理念，着力推进政务热线高效发展。自2004年5月民心网开通至今，辽宁热线经历了起步（2004～2018年）、融合（2018～2021年）、成长（2021～2023年）、提升（2023年至今）四个阶段，持续提升热线社会治理效能。

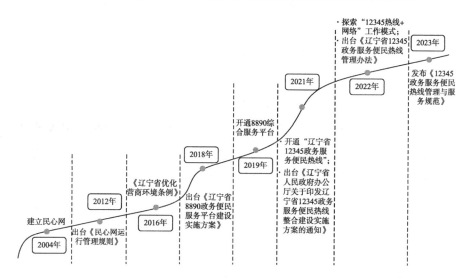

图1 辽宁省政务热线发展历程

资料来源：作者自制。

（二）创新探索

1. 完善渠道建设，搭建沟通桥梁

辽宁省政务热线在民心网和8890平台基础上不断整合升级，出台《辽宁省12345政务服务便民热线整合建设实施方案》与《关于12345热线分中心建设实施方案》，推动实现全省"一个号码管服务"的目标，在提供热线电话渠道受理群众和企业诉求的基础上，开通微信公众号、政务服务网、辽事通等多种服务受理渠道。依托 12345 热线平台，辽宁省采取线下与线上相结合的形式开展"5·15 政务公开日"相关主题活动，搭建政民沟通桥梁。

2. 管理机制优化，提升服务效能

为保障热线的规范化和标准化运行，辽宁省政务热线制定了《辽宁省 12345 政务服务便民热线管理办法》《辽宁省 12345 政务服务便民热线群众诉求办理实施细则（试行）》《辽宁省 12345 热线平台涉企营商环境诉求办理实施细则（征求意见稿）》等一系列配套的管理规范与实施细则，其中，《12345 政务服务便民热线管理与服务规范》是全国范围内首批对 12345 热线建设及运行全过程进行精细化规范和管理的省级地方标准。此外，还通过组织开展业务知识培训和职工岗位技能大练兵、大比武活动，建立"回头看"问题台账、开设"微腐败"问题投诉举报专栏等来提升热线服务效率与质量。

3. 推进技术升级，增强数据赋能

辽宁热线稳步推进话务工单与知识库的系统建设和优化，深入推进人工智能等科技手段的应用，积极汇聚各系统平台的热线数据，构建较为完善的热线诉求事项分类体系以及知识库数据采集规范和标准，以每日、每周、每月等不同频率定期汇总政务热线运行数据，形成数据分析常态化报告，从数据管理、数据分析和数据应用等方面入手，赋能政府治理和社会治理。

4. 优化企业服务，赋能营商环境优化

依托 12345 政务服务便民热线平台，辽宁省整合各市"项目管家"信息化服务平台资源，升级建设"政企直通车"服务专区，持续深化"1 + 1 + N"模式的项目管家制度，按照"一个项目、一家企业、一名领导、一支队伍"的要求，逐项目、逐企业建立"1 名项目管家 + 1 名企业联系人 + N 个行政职能部门联系人"的项目管家制度，实现省、市、县、街道、社区五级的网格化管家服务功能，"以点带面"提供全生命周期的"管家式"

"一站式"综合服务,构建全省统一开发建设、分级维护管理的惠企服务直达绿色通道,推进营商环境不断改善。

5. 持续打造"热线+",助力基层治理

辽宁省创造性地开展"12345热线+网格化"改革试点工作,着力构建网格化管理、精细化服务、信息化支撑的基层治理体系,初步形成了独具特色的制度性创新成果,建立了"12345热线+网格化"六级联动、"确权责任清单"完善快速响应、"12345热线+网格化"双化解、"12345热线+网格化"考核监督评价、数据分析及舆情监测五大制度。

辽宁省内各试点区立足实际,大胆创新,着力构建网格化管理、精细化服务、信息化支撑的基层治理体系,开展了各具特色的"12345+网格"探索。

(1)沈阳市和平区

沈阳市和平区大胆创新、先行先试,推出"12345+网格"融合新模式,聚焦目标任务,完善组织、网格、管理、保障、监督五个体系,推动基层社会治理提速、提质、提效。

(2)大连市中山区

大连市中山区建立"12345+7"政务与民意诉求服务改革创新机制,包括"12345+诉求办理"体系、"12345+网格管理"体系、"12345+企呼政应"体系、"12345+应急处理"体系、"12345+信访接待"体系、"12345+法律服务"体系、"12345+纪检监察"体系,解决辖区内群众"急难愁盼"问题。

(3)本溪市明山区

本溪市明山区探索建立"综合协调、网格建设、党建考核、督导检查"四位一体联动机制,实施"网格领办、街道首办、指挥中心交办、区直部门承办、纪检督查督办"五办工作法,闭环式从源头解决群众诉求,全力推动试点工作走深走实。

(4)营口市站前区

营口市政府在全省范围内率先建立聚合型网格管理体系,营口市站前区作为试点先行区,充分发挥社区基层网格化工作优势,结合12345热线

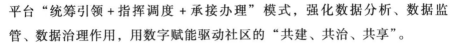

平台"统筹引领＋指挥调度＋承接办理"模式，强化数据分析、数据监管、数据治理作用，用数字赋能驱动社区的"共建、共治、共享"。

（5）沈阳市皇姑区

沈阳市皇姑区通过12345平台将"社区吹哨，部门报到"理念固化到工作流程中，由区委组织部（两邻办）牵头、营商局具体实施，创建民生诉求"社区直报＋未诉先办"新模式，将民生诉求工作覆盖到基层治理的"神经末梢"，有效推动诉求办理与基层治理的深度融合。

（6）沈阳市沈河区

沈阳市沈河区扎实落实"未诉先办、接诉即办"机制，创新实施"先予处置"，坚持党建引领，制度化、专班化、项目化推进工作，采取培训＋演练、问题聚焦、实地调研等措施推进基层有效治理，制定《沈河区解决民生问题"先予处置"实施方案》，提升解决问题速度。

6. 注重媒体宣传，增强热线影响力

近年来，辽宁热线围绕平台运行情况，依照重大主题、时间节点及社会关切开展宣传报道工作，构建起多主体、立体式的"12345＋N"宣传格局。并通过纸媒、电视、广播、短视频等多种渠道（如央视新闻、人民日报、新华网、辽宁日报、新浪微博、抖音等），形成对"5·15政务公开日 群众难题我来答"、12345热线职工技能大赛等活动的连续报道和《"12345＋网格"构建基层社会治理新模式》等的一批深度新闻报道。此外，连续多次召开多场小型媒体互动吹风会，谋划形成"12345为民办事"的宣传声势，在全社会营造良好的舆论氛围。

三　构建省域枢纽与发展模式

辽宁省12345热线在技术支撑、统筹协调、监督考核等方面推动着全省各市政务热线建设发展，逐步探索省域政务热线建设，在省域治理中发挥了积极作用。

（一）省域模式的构建

技术支撑方面，辽宁省12345热线统一部署升级改造全省政务热线平台，通过省市渠道的融合实现诉求受理与系统间工单的流转对接，基于省级知识库平台与各地市共建共享知识库。辽宁省12345热线通过不断强化数字化平台建设，推动实现省市之间业务管理协同、系统互联互通、资源共用共享。

统筹协调方面，在运行管理上，辽宁省12345热线根据省级政府文件，明确了省市政务热线工作职责，制定了规范服务标准流程，实现系统数据同源。在体制机制管理上，辽宁12345热线已建成横向连通各省直部门，纵向连通从省到村（社区）的五级网络工作体系。在应急管理上，辽宁12345热线充分发挥省级平台在突发事件预警、应急管理辅助等方面的跨部门、跨地区、跨层级的统筹协同作用。

监督考核方面，辽宁省12345热线对五层级热线平台工作站的办理质效进行全面的考核评估，量化考核指标，实施全省统一的督办考核，为全省各市政务热线工作的开展和效能提升提供有力支撑。

（二）省域模式逐步形成

辽宁省政务热线通过以上三个方面的创新发展，有效推动全域政务热线建设进程，逐渐形成辽宁省政务热线的省域模式。

在角色定位上，辽宁省12345热线是全省政务热线的监督支撑与协同枢纽，不仅建立了诉求办理督办制度和量化考核体系，还推动了省市之间业务管理协同、系统互联互通、资源共用共享。

在体系建设上，辽宁省12345热线通过不断完善网格化管理机制、健全工作统筹协调机制、完善热线信息共享机制、建立知识库更新机制，完善制度体系；通过建立同一标准、同一流程、同一规范、同一考核的管理体系，打造管理机制；通过对12345热线平台整体技术升级和改造，构建技术体系。

在实施路径上，辽宁省12345热线率先变革理念，致力于打造便捷、高效、规范、智慧的政务服务"总客服"以及省域政务热线发展的"总枢纽";率先建立制度体系,打造省级规范与省级标准,建立"12345 热线 + 网格化"六级联动体系;率先创新管理机制,设计条理分明的建设规划、环环相扣的内部管理制度,确保诉求办理工作标准化,运行规范化;率先升级智能技术,稳步推进话务管理系统、工单业务系统、智能 AI 系统、数据分析中台系统和知识库系统的建设和优化升级。

经过近二十年的发展,辽宁省 12345 热线整体建设规划较为清晰,体系完整;在受理规范化、办理流程化和服务高效化方面基础建设牢固;同时,结合当前热线发展与治理创新面临的挑战,积极创新热线发展模式,推进"12345 热线 + 基层网格"管理体制改革创新,进一步提升热线服务效能。

四 辽宁省政务热线建设发展的成效与经验总结

(一)建设成效:"省域"模式形成,价值不断发挥

一是为高质量发展提供支撑保障。辽宁省为推动政务服务建设进一步发展,超前构建平台升级提质部署,升级改造八大方面 32 项内容,与各部门系统建立诉求分流机制、营商环境诉求对接机制、工作问责机制、联合处置机制、服务专席等。同时,发布热线管理处置办法,梳理出群众咨询的普遍性问题和高频问题形成标准问题目录,完善全省政务知识库建设等机制,以标准化、个性化、智能化方式,提高热线接通效率,为地市热线提供发展支撑与保障,推动政务热线高质量发展。

二是有效统筹全省热线协同发展。按照"多格合一、一格多用"的原则,辽宁省政务热线将社区网格与多行业管家充分结合,构建"12345 + 行业网格"的诉求办理直通车模式。将已有的省、市、县、乡四级办理体系与基层街道、社区网格工作体系整合衔接、相互融合,形成"网格报告、镇街吹哨、部门报到"六级联动制度,全面打通热线与各系统平台的联系渠道,建立高效协同的互动机制。

三是有力监督保障全省热线建设。辽宁省政务热线构建多部门协同联动机制，将网格巡查与诉求办理全过程纳入监管范围。推动12345热线平台与网格化系统数据对接，形成一体化的数据治理平台，实现诉求问题与网格事项数据关联分析，聚焦社会治理中高频多发热点诉求，实现对共性、同类、季节性问题的主动发现、前瞻处置，为舆情分析、应急处置、供热供暖等提供决策参考和科学研判。

四是赋能我国政务热线的一体化建设与协同发展。在市域层面，辽宁省政务热线提高市域热线的互操作性与一致性；在省域层面，辽宁省政务热线的建设助力省域治理现代化建设，通过平台实现全省互联互通、数据共享和业务协同；在全国层面，辽宁省政务热线的探索是推动全国一体化政务服务建设的需要，促进政务服务一网统管全面服务与管理。

（二）经验总结

理念变革，把握政务热线发展的趋势与方向。辽宁省12345热线平台将探索成为省域政务热线发展的"总枢纽"，为我国政务热线省域建设发展提供"辽宁模式"。

领导重视，以高位推动保障执行。省纪委监委通过纪检监察"硬约束"，塑造风清气正"软环境"，提升营商环境"软实力"。

制度保障，强化建章立制。辽宁省政务热线先后出台了一系列的配套性制度文件明晰权责，全面建立"1+6"制度管理体系，以构建完整的制度体系，并将其作为保障。

管理优化，完善管理机制，优化工作流程。在内部管理方面，辽宁省政务热线制定规章制度明确管理程序；在外部联动方面，辽宁省政务热线建立双向化解制度并分级建立争议事项会商制度和确权清单制度。

技术应用，以数字化、智能化技术的精准使用实现技术赋能。辽宁省12345热线以数字化为导向，成为集全渠道于一体的政务服务平台；以数字应用和智能化变革为导向，优化升级话务管理系统和工单业务系统、做优数据分析中台系统与创新智能化服务。

文化建设，将组织文化作为发展的"润滑剂"。以开放为发展需要、以创新为驱动力、以合作为基石、以包容为灵魂、以奉献为精神，为公众提供高效高质的服务。

五　展望与结语

经历了40年的创新发展，我国政务热线进入了关键转型和发展阶段。当下推动省内热线协同发展成为未来趋势。辽宁省顺应国家的战略部署，建立辽宁省12345政务服务便民热线，通过多维度创新获得群众和企业的认可。在完善热线平台服务能力的基础上，辽宁省不断探索省域政务热线的建设发展，在系统建设、诉求分类体系、管理机制等方面逐步做到了全省各市统一，同时，对各地市政务热线的管理运营进行监督考核并推动跨市联动，在省域治理中发挥了积极作用。

作为省域政务热线发展的"总枢纽"，辽宁省12345热线需推动实现国家、省、市纵向之间的信息互通和治理协同，推进横向城市、区域间的有效联动。同时，要在国家、省相关政策的指引下对全省政务热线建设发展进行顶层设计并建立考核体系，为地市政务热线建设发展指明方向并进行有效的监督考核。此外，需要将管理经验、技术应用实践等进行有效总结，不断完善管理制度和标准规范，助力全省政务热线建设发展。

在理念、管理和技术的不断创新下，辽宁省12345热线正在逐步成为省级政务服务的"总客服"、省域政务热线发展的"总枢纽"。其将在实践中不断积累经验，持续推进治理体系和治理能力的现代化，形成全国热线可参考借鉴的重要模式。

沈阳政务热线四十年发展报告

一 引言

沈阳市 12345 热线的前身是沈阳市市长热线。1983 年，为密切政民联系、促进政府机关作风转变与工作效率提高，沈阳市率先设立市长公开电话，这是全国第一条政务热线，是中国政务热线 40 年发展的起点，更是全球代表性国家和地区中的第一条政务热线，为中国乃至全球政务热线的发展做出了独特贡献。

作为政企沟通的传声筒，沈阳市 12345 热线致力于服务企业，开通了解答惠企政策的企业专区专席、制定全国首个 12345 热线企业诉求办理"地方标准"；作为政务服务的窗口，其全天候快速响应公众需求，主动出击，打通服务群众的"最后一公里"；作为政民交流的平台，其将自下而上反馈问题与自上而下开展治理相结合，增强公众参与积极性；作为部门合作的桥梁，其推动政府内跨部门、跨层级的业务联动和信息共享，调动部门协同力量；作为技术应用的先驱，其打造"数智热线"，搭建数据分析体系，成为政府决策的参谋助手。

沈阳市 12345 热线的四十年发展历程是中国与全球政务热线发展变革四十载的生动缩影，折射着中国政务热线建设发展的使命与初心。面对特大城市治理的场景复杂、风险多样、服务低效等挑战，其驱动着沈阳市构

＊ 本文内容摘自 2023 年 10 月由中山大学数字治理研究中心、中国经济信息社政务智库事业部联合发布的《沈阳政务热线四十年发展报告》。

建治理新机制、注入发展新动力，为特大城市热线发展提供了借鉴范本。

二 沈阳市 12345 热线的发展理念与工作宗旨

（一）发展理念

沈阳市 12345 热线在建设发展过程中，不断进行理念革新，开创性提出三大发展理念。一是打造现代热线，构建科学发展的现代化热线。坚持科学、法治导向，建设科学管理与服务、打造规范化与法治化的政务热线。二是打造人民热线，建设服务型与整体性政府。强调获得感与协同性，提升服务质量与效能，构建整体性政府。三是打造数智热线，助力数字政府与治理探索。坚持技术创新和数据赋能，提升热线服务质量与效率，改善决策精准性与治理效能。

在这三大理念的指导下，沈阳市 12345 热线结合自身建设目标和需要，进一步构建惠企、便民、治理和赋能四大工作宗旨，推动数字政府创新探索，探索超大城市政务热线建设的新模式，推动治理体系与治理能力现代化。

（二）工作宗旨

1. 惠企

沈阳市 12345 热线为市场主体松绑减负，打造便民利企的政务热线，建设一流营商环境。

沈阳市 12345 热线开通企业专区专席，高效受理企业诉求；制定标准规范，例如，制定了全国首个 12345 热线企业诉求办理"地方标准"——《涉企营商环境诉求办理规范》，企业群众获得感和满意度持续提升；开展多元化培训活动，提升沈阳市 12345 热线诉求办理质效。

2. 便民

沈阳市 12345 热线坚持贯彻"以人民为中心"的指导思想，以问题为导向，为群众解决"急难愁盼"问题，打造高效便民的政务热线，积极建设服务型政府。

沈阳市 12345 热线不断优化服务流程，切实提高热线接通率、办结率、满意率，提升企业群众获得感；改进工作作风，提高服务效率；推出确责清单，提高平台派单准确率。

3. 治理

基层治理是国家治理的基石。沈阳市 12345 热线坚持加强基层治理体系和治理能力现代化建设，打造赋能基层治理的政务热线。

沈阳市积极推进"12345 热线进社区"改革试点及推行工作，建立接诉即办快速响应和未诉先办主动办理机制；按照统一标准划分基础网格，实现热线 100％ 覆盖社区网格；开发网格员手机端 APP，推动快速高效扁平化解决群众诉求；强力推进热线升级改造和"12345 热线进社区"工作并进，实现全链条运营管理。

4. 赋能

党的十八大以来，中央高度重视信息化、数字化工作，沈阳市 12345 热线坚持技术创新、数据赋能，推进落实政务热线的数智化改革。

沈阳市 12345 热线坚持技术创新，推动省、市 12345 热线完全融合，长效优化 12345 平台系统功能建设，彻底解决省、市平台不统一、系统标准不对称的问题。建立 12345 效能监察平台，在诉求统计分析等多个技术领域取得进展，实现热线诉求的精准化管理。

沈阳市 12345 热线坚持数据赋能，针对热线汇聚的海量数据进行科学管理和分析应用，构建市级数据分析体系，做好数据分析与监测，为决策提供精确参考；优化服务流程，有效提高数据治理水平，提升预防与应对风险能力。

三　沈阳市 12345 热线的探索与成效

（一）四个阶段：起步、发展、成熟和飞跃

1. 起步：1983～1998 年

1983 年 9 月，沈阳市政府召开第一次全体会议，会上决定设立市长公

开电话，这是全国最早设立的政务热线。在起步阶段，政务热线经历了从无到有的发展历程，在管理和制度体系方面进行了一系列有益的探索和实践，为热线的长期发展奠定了坚实的基础。

2. 发展：1998~2015年

在这一阶段，沈阳正式建立了市民投诉中心，开通市长专线电话2211和群众举报专用电话96123。同时制度不断健全，沈阳市在完善网络、规范运作、拓展渠道、树立形象等方面做出了富有成效的探索，为后续政务热线的可持续发展提供了重要支撑。

3. 成熟：2015~2022年

在这一阶段，"12345"沈阳市民服务热线正式成立，并与其他政务服务热线整合归并，实现"一号对外"。在此基础上，沈阳积极建设营商环境诉求平台、拓宽互联网渠道，不断健全制度与管理机制。2022年上半年，热线经受住了新冠疫情的严峻考验，成为人民群众的"救命线"。

4. 飞跃：2022年以后

在这一阶段，沈阳市12345热线面向未来，以新理念和新举措全方位推动热线高质量发展，以"新技术"为工具，不断探索创新智慧治理的"新范式"，打造智慧、高效、便捷的政务服务"总客服"，赋能数字政府建设，助力政府治理体系与治理能力现代化。

（二）四大体系：服务、管理、制度与技术

1. 服务体系：渠道完备、流程规范、服务高效、体验优质

在渠道方面，沈阳市12345热线整合非紧急类政务服务热线，建立紧急热线双向联动机制，归集多条诉求渠道，不断完善互联网渠道建设，渠道体系建设逐步完备。

在流程方面，沈阳市12345热线建立了全闭环管理制度，牵头起草《沈阳市涉企营商环境诉求办理规范（试行）》并形成地方标准，以标准规范的服务流程实现效能的提升，充分发挥热线"发展助推器"的作用。

在服务方面，沈阳市12345热线探索12345热线与基层网格相结合，推动网格员快速高效扁平化解决群众诉求；构建亲清政商关系，促进营商

环境改善优化；设立外语专席，有效解决外籍人士诉求；不断优化公共服务供给机制，提供优质便捷的服务体验。

2. 管理体系：覆盖全面、精细深入、执行有效、运转有力

沈阳市积极推动12345热线进社区工作，建立上下联动、高效运转的组织体系，构筑全域覆盖、无缝衔接的网格体系，健全"接诉即办""未诉先办"管理体系，构建务实管用、智慧赋能的保障体系，完善督考结合、闭环管理的监督体系，创建了覆盖全面、精细深入、执行有效、运转有力的基层治理新模式。此外，沈阳市12345热线依托市委、市政府领导高位推动，为完善制度保障、优化决策执行效能和部门运作提供了有力支撑。

3. 制度体系：权责明晰、纵向联动、横向协同、运行有序

沈阳市12345热线夯实热线工作体系基础，明晰跨层级跨部门协同权责和考核问责机制，研究制定现场管理、业务工单、服务质量、人力资源四大板块工作制度，以健全完善的制度保障热线工作实效。在纵向联动上，创新信息承包机制，畅通信息报送渠道，上报市委、市政府领导高位推动，下转承办单位主要领导跟踪提示，提升诉求办理质效。在横向协同上，与市委市政府督查室、市纪委监委、媒体等联动督办，强化监督考核，加大查处力度，提升12345热线公信力。

4. 技术体系：研判需求、辅助决策、智能监测、赋能有效

沈阳市12345热线积极推动数据治理建设工作，配建数据分析体系，为各级领导分析研判民生诉求、进行政府决策提供有效参考；在话务、工单、效能监察平台调度等方面推进智能化建设，减缓座席接线压力；上线智能化、可视化系统平台，利用大数据技术实现智能监测、赋能决策。

（三）四种价值：群众、企业、城市治理与行业发展

1. 服务群众：以民为本，为民分忧

沈阳市12345热线始终坚持"群众利益无小事"的服务理念，倾听民声民意、反映民情；积极关注民生难题，致力于解决群众"急难愁盼"问题。以浑南区为例，在新冠疫情期间，浑南区公服中心充分发挥协调推进作用，通过12345热线着力纾民困、解民忧，赢得了群众的广泛赞誉。

2. 服务企业：精简流程，优化环境

沈阳市政府将政务热线建设与优化企业服务有效结合，沈阳市12345热线成为企业发展强有力的助推器。一方面建立高效办事工作机制，推动政务数据多源流汇聚，为企业提供一站式服务；另一方面通过优化审批流程，实现工商业务的在线申请和办理，有效降低企业成本。

为进一步优化营商环境和推动企业发展，沈阳市12345热线与大数据时代同频共振，自主开发了基于大数据技术的"惠帮企@链上沈阳"工作平台，持续为企业纾困解难，各个板块均广受好评。

3. 城市治理：平台协同，数据赋能

沈阳市12345热线不仅是信息受理和反馈渠道，更是广泛汇集多元社会主体参与和协同的重要平台。为实现"民呼我应"的目标，12345热线平台广泛收集群众诉求，并基于"一单直达"的管理机制高效处理各类民生问题。

在数字化转型步入快车道的背景下，沈阳市12345热线释放数字技术效能，利用科大讯飞星火大模型智能化技术，开发上线报告自动生成功能，实现重要指标数据自动生成报告；同时建立12345效能监察平台，深度挖掘分析海量数据，自动反映相关问题，为领导决策提供服务。

4. 行业发展：科学管理，协同治理，数据辅助

沈阳市12345热线以服务为核心，以人民满意为目标，打造科学的管理体系；积极构建健全的协同治理机制，保证多部门高效联动，持续强化"同网共治"为民服务，凝聚共商共治的强大合力；整合多渠道数据以实现数据融通与全量覆盖，注重提高数据研判的实时性和前瞻性，提升预警预测预判能力，为城市决策提供重要依据。

四　沈阳市12345热线的经验总结

（一）理念革新是关键牵引

突破历史发展局限，明确服务治理角色定位，明晰热线建设发展路

径。沈阳市 12345 热线将科学化和法治化相结合，厘清其在治理能力现代化建设中的角色和发展路径。沈阳市 12345 热线切实提高服务供给精准度，为"服务型政府""智慧型政府"建设提供支撑。

构建科学化法治化的现代化热线，提高服务科学化规范化水平。一方面制定科学的热线实施方案与管理办法，为政务热线的科学服务提供依据；另一方面制定切实可行的培训计划，为政务服务的效率和质量提供保障。

坚持以人民为中心，提高服务质量和效率，畅通政府与企业、群众互动渠道。践行"以人民为中心"的服务宗旨，畅通政府与企业、群众互动渠道，提供 7×24 小时全天候人工服务，成功在全市 13 个区、县（市）开展热线进社区工作。重视技术赋能，助力数字政府建设与数字化治理创新。沈阳市不断探索并推动数据治理建设工作，同时实现了 12345 热线数据实时化、可视化。

（二）制度建设是关键支撑

建设完善的制度是保障热线正常运行和服务的关键支撑，沈阳市 12345 热线构建规范标准、运行高效、服务专业的制度体系，通过完善内部管理协调机制，健全外部协同机制，为热线服务质量提升提供制度保障。

一方面，沈阳市 12345 热线健全制度化的部门内部协同机制，完善热线工作体系，推动部门间联动走向制度化和常态化，夯实"市、区、街道、社区、网格"五级组织体系，基本建立了"12345＋网格"的工作模式。

另一方面，沈阳市 12345 热线不断健全外部协同机制，形成多元联动的协作网络。建立跨部门的层级联动机制，畅通纵向信息呈报渠道，并在横向上打通部门间的信息数据壁垒，完善政务热线作为调度中台向各职能部门的任务派转和督办反馈全流程。积极调动社会力量参与，加强同媒体、企业、科研机构等的合作，形成热线发展建设多主体参与的协作网络。

（三）服务优化是关键导向

沈阳市 12345 热线将有效回应民众需求作为热线建设的重要导向，优化服务。沈阳市 12345 热线确认下发权责清单，并通报办结率、满意率等指标情况，以提高服务效率和服务质量。推进诉求办理标准化建设，针对市民投诉和咨询的不同需求，开辟网站端、公众号等多元服务受理渠道。优化诉求事件标准清单，压实办理时限，实现受理规范化、办理流程化和服务标准化。

同时，通过数字变革推动热线服务重塑，助力服务和治理转型升级。在数字变革打通壁垒、联动协同的基础上，沈阳市 12345 热线通过完善热线服务流程、明确服务受理范围，畅通政府与企业群众互动渠道，在话务量逐年增长的情况下，仍实现较高的接通率、按时办结率与群众满意率。

（四）技术创新是关键探索

数字技术牵引热线效能提升，助力管理和服务水平提升。依托大数据、人工智能等技术，沈阳市 12345 热线实现以数字应用和智能化变革为导向，逐步打造"高频知识库"，提高服务效率和质量；实现智能化系统上线应用，提供可视实时的监测数据；发挥参谋助手作用，配建市级日报、专报、行业分析等数据分析体系，为分析研判民生诉求、进行决策提供有效参考。

以数字化应用、智能化技术等手段推动热线服务与治理的数字化变革。在沈阳市 12345 效能监察平台上设立分析决策专题，问题反应端利用趋势图、饼图分析展示区县及市直部门诉求排行和事件维度，问题解决端展示区县名称、诉求件数、办结率等。该专题还利用数据分析对服务量、诉求类型等进行实时在线展示，对全市的投诉件进行量化分析和关联分析。

五 沈阳市 12345 热线的未来展望

打造民生热线，提供优质精准服务。沈阳市 12345 热线将梳理服务事项，优化服务流程，实现诉求办理闭环，提升服务效率。并针对不满意工单再次办理，切实解决问题。同时，其制定了三年行动计划，健全接诉即办机制，提升未诉先办意识，实现主动治理，推动政务热线"接得更快、分得更准、办得更实"。

推动联动协同，构建现代化治理枢纽。沈阳市 12345 热线将优化组织结构，建立部门协同机制和信息共享机制，理顺多方主体关系，权责到位。并健全市区两级及跨部门工单合作处理机制，推动疑难工单问题解决体系化、制度化，实现部门协同，多头并进解决疑难问题。

加强技术赋能，重塑服务流程体验。沈阳市 12345 热线将强化数字化建设，找准定位，明确思路，合理规划，实现数字化工具与政务热线深度融合；统筹资源，持续投入，保障供给，完善多元智治保障体系；明确场景，深化应用，实现智能接线、人机互动及热线数据的统计分析与数据赋能。

持续拓展创新，打造一体化企业服务。沈阳市 12345 热线将明确自身定位，重视自身优化营商环境的重要作用，构建包括软硬件、涉及各环节的企业服务体系；推进市级"政策直达"，完善干部、企业"一对一""一对多"机制，降低制度性交易成本，优化企业服务流程，完善企业服务机制。

六 结语

四十年间，沈阳市 12345 热线始终坚持以人民为中心，优化服务效能；立足创新，超前应用智能化及大数据系统，提供高质量服务，发展成为沈阳市民的"总客服"，树立了中国政务热线的标杆，为全国政务热线发展提供"沈阳方案"。

四十年间，沈阳市 12345 热线硕果累累，打造了服务群众、助力城市发展的"沈阳模式"，为特大城市热线、中国乃至全球政务热线的发展提供了借鉴样本；并赋能基层治理，提高民众幸福感；用心用情服务企业，切实优化营商环境；依托大数据、人工智能、云计算等技术，打造数智热线，赋能政府治理创新。

站在新起点，沈阳市 12345 热线面临着前所未有的发展机遇和挑战，其需要紧密围绕新方向、新探索，积极响应国家政策；把握数字化、智能化和信息化的趋势，围绕社会治理体系和治理能力现代化的目标，承担责任使命，打造全球政务热线建设发展新标杆。

迈入新征程，沈阳市 12345 热线应紧密围绕服务城市发展的目标，与城市发展同步，并放眼全球、展望未来，把握政务服务数字化、智能化革命带来的机遇与挑战，为沈阳城市发展和治理创新提供新动能。

一呼即应 一办到底

——诉求高效办理"唐山方案"*

一 唐山"一呼即应 一办到底"的建设背景

（一） 政务热线高质量发展的需要

政务热线在不断探索的过程中从 1.0 阶段逐步迈向了 4.0 阶段，实现了规范化、标准化，并开始向数字化和智能化转型。现阶段，政务热线不仅是政务服务的重要渠道，更是便捷高效的服务平台。政务热线通过借助大数据、人工智能等创新技术，正向着便捷、高效、规范、智慧的政务服务"总客服"转型：政务热线作为便捷高效的服务平台，是打造"服务型政府"的重要依托；作为协同治理的重要枢纽，是建设"整体性政府"的重要节点；作为智慧治理的有力支撑，将推动建设"智慧型政府"。

然而，当下的热线服务仍存在着多种问题与不足：一是各地热线发展质量存在差异，服务体验尚待优化；二是协同能力不足，难以及时回应公众诉求；三是服务质量提升面临资源投入不足、投入结构不合理及整体技术支持不足的问题。如何办好各类工单，切实为人民群众排忧解难，是现阶段热线转型发展迫切希望回答的问题。

---

* 由中山大学数字治理研究中心、中国经济信息社数字政府研究中心和唐山市 12345 政务服务便民热线中心联合撰写。

（二）国家层面的战略指导与部署

2021 年 1 月，国务院发布了首部政务热线发展专项指导意见《国务院办公厅关于进一步优化地方政务服务便民热线的指导意见》（下文简称《指导意见》），将地方政务热线定位为便捷、高效、规范、智慧的政务服务"总客服"。这一定位为唐山政务热线指明了角色转变的方向，一方面要求政务热线逐步成为打造整体性政府的重要依托，另一方面要求政务热线不断拓展企业服务，助力地方营商环境优化。

（三）唐山 12345 热线创新发展的必然趋势

1. 赋能地方治理与省级热线发展的客观要求

唐山市 12345 政务服务便民热线（以下简称唐山 12345 热线）面对的服务与治理需求环境在不断变化，面临的问题往往综合性强、复杂性高。对此，省级层面也从不同方面对热线服务质量提出要求。《河北省12345 政务服务便民热线管理办法》明确了省、市、县三级热线各自的工作职责，确保群众诉求接得快、分得准、办得实。在国家和省级热线的部署优化下，唐山 12345 热线的工作迈入了新的实质阶段。

站在新起点上，唐山 12345 热线建设与发展的宝贵探索，能够成为河北省乃至全国地级市热线参考借鉴的重要模式。唐山 12345 热线需准确把握"三个努力建成""三个走在前列"城市定位和发展目标，充分发挥平台枢纽作用，提高政务热线服务质量。一方面，唐山 12345 热线作为城市运行的"传感器"，通过数据流可以准确分析公众需求，赋能地方政府治理；另一方面，政务热线对于简化行政程序，放宽审批管理、优化审批程序、完善监管等方面起到积极作用，进而推动营商环境的优化，促进经济社会的发展。

2. 唐山12345热线发展的内在要求

在渠道建设层面，畅通多元"急难愁盼"问题受理渠道；在服务能力层面，推进工单全流程规范化、标准化建设；在系统应用层面，通过打造特色话务与工单系统、知识库系统，提高诉求响应与解答的质效。随着数字政府改革、服务理念升级，快速增长的服务需求挑战着政务热线的运营和服务能力，唐山 12345 热线不断提升解决问题处置效能，以效率提能级，用实干换满意，切实提升广大人民群众的幸福感与获得感。

二 唐山"一呼即应 一办到底"的建设基础

如今唐山12345热线建立了一系列规章制度及运行模式，合理地利用了技术手段，保障了热线常态化运行，夯实了后续发展变革根基。

（一）制度体系完善

政务热线直接面向企业和群众，明晰热线基础管理架构、完善热线服务流程，能促进有效利用政务资源、提高服务效率、提升企业和群众满意度。

1. 多元渠道，流程规范高效

唐山市优化流程，拓宽受理渠道，将相关热线及互动系统统一归并至热线平台，还形成了"热线＋网格"治理模式。此外，唐山市提升服务规范性，增效便民服务，实现了热线工单分类以及100%的回访。

图1 唐山12345热线受理渠道

资料来源：唐山12345热线。

2. 架构清晰，落实考核实效

唐山市明晰管理架构，落实服务权责，搭建了市、县、乡、村四级热线网络，各层次管理协同，并且制定了明确的运行标准。同时，唐山市优化督办考核机制，将考核结果纳入年度干部考核，并保证考核的流程公正以及实效落实。

（二）系统应用全面

唐山12345热线重视运营维护技术系统和数据价值，并积极探索推进

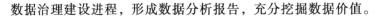

数据治理建设进程，形成数据分析报告，充分挖掘数据价值。

1. 系统保障，服务效率提高

唐山12345热线重视技术系统的硬件保障作用，加强技术创新研发，积极运用大数据、云计算、人工智能、语音识别等信息化技术，还设置了接入电话的"白名单"和"黑名单"。

2. 数据分析，辅助科学决策

唐山12345热线通过多元化手段挖掘数据价值，深化数据分析。唐山市定期输出数据报表并将诉求数据进行关联分析，此外还积极研发了融媒体话务系统等九大模块平台赋能数据应用。

三 "一呼即应 一办到底"的唐山理念与体系建设

（一）理念革新

唐山12345热线始终坚持"为人民服务"的宗旨，秉承"群众利益无小事"的理念，在此基础上锚定"接得住、交得准、督得实、考得真、问得严、办得好"十八字工作目标，着力打造"一呼即应 一办到底"热线，建立"热线＋督查＋纠风＋网格"的唐山模式，确保事事有回音，件件有着落。"一办到底"的理念主要体现在三个方面。其一，诉求办理的力度大，除了一系列制度保障，市委、市政府领导高度重视并亲自推动热线工作。其二，诉求办理的速度快，这得益于多元畅通的诉求渠道，高效规范的工作流程，智能便捷的系统应用以及诉求快速响应机制。其三，诉求办理的效度高，通过首问负责、联席会议、"举一反三"等制度解决问题，大大提高群众诉求办理的有效性和正确性，将唐山12345热线打造成为民办实事的"连心线、贴心线、暖心线"。

（二）体系建设

唐山12345热线的实践探索为热线转型发展提供了有力的支撑。当前唐山12345热线正聚焦企业群众诉求"一呼即应 一办到底"，进一步建立健全制度体系，优化工作流程，提升政务热线服务的质效。

在办理力度上，唐山市政务热线工作是市委、市政府积极推动政府角色和职能转变的重要举措，市领导也在工作过程中给予了政务热线足够的重视，唐山市建立量化考核指标，着力解决不作为、慢作为、乱作为问题；严督实办，确保热点问题得到及时有效的解决。唐山市委、市政府高位推动的坚定决心，体现了其对热线工作的重视与支持，为热线工作的顺利开展注入了强大的动力。

在办理效率上，畅通多元诉求受理渠道，开通网格员上报信息受理渠道，推动由"被动受理"向"主动发现"转变。制定规范性文件，明晰管理架构，建立系统高效的工作机制，实现工单全过程闭环管理。强化智能应用，完善知识库建设，建立填报、更新、审核、发布、使用、反馈闭环流程制度。建立诉求分级分类办理机制，确保诉求问题能够第一时间精准派送责任主体。

在办理效度上，唐山市注重加强部门纵向联动与横向协同处置能力。在纵向联动方面：一是实行首问负责制，严格按照"首次接办、全程跟踪、负责到底"的原则，压实热线工单处理过程中相关承办单位的职责与权限；二是搭建市、县、乡、村四级热线网络，着力构建精细化服务的基层治理体系，加快实现诉求受理与办理紧密衔接。在横向协同方面：一是建立联席会议机制，加强对疑难工单处置工作的领导、协调、指导、督促和解决；二是建立"热线＋督查＋纠风＋网格"唐山模式，并积极推动部门间联动走向制度化和常态化，推进市域社会治理现代化。

四　唐山"一呼即应 一办到底"的实践探索

（一）力度：领导重视、体制机制支撑

1. 领导重视，高位推动

从 2022 年 5 月 5 日起，唐山市委市政府督查室正式接手唐山 12345 热线工作，统筹指导、高度重视热线的建设发展，为热线提供充足的资源。

唐山市委、市政府主要领导对热线工作多次做出重要批示，2023 年累计批示 1339 件次，致力于打造高效、便捷、优质的服务体系。为了实现"一呼即应 一办到底"热线，唐山探索建立了"热线＋督查＋纠风＋网格"的唐山模式，将热线工作与督办、纠风和网格化管理相结合，推动全市各地各单位对热线工作的协同和联动，提高热线的服务能力和效率。同时，唐山市制定并实施《唐山市 12345 政务服务便民热线工作领导批示办理工作办法（试行）》，进一步规范领导批示的办理流程和要求，做到批则必办、办则必果、报则必准确保领导批示的及时办理和落实。

在市领导的高位推动下，唐山市政务热线工作始终走在全省最前列。2023 年，唐山市热线中心受理各类诉求 175.08 万件，收到市场主体及群众感谢来电 2501 件，热线话务工作满意度高达 99.00％。

2. 体制机制，高效支撑

（1）量化考核

为进一步优化政务服务，提升群众满意度，唐山市制定了《12345 政务服务便民热线考核办法（试行）》，细化考核指标，确定考核单位，保障考核全面性、透明度。为增强考核效果，唐山市每月印发通报，并将考核结果纳入年度市管领导班子和领导干部考核，督促部门处理任务，推动各部门在结果反馈的过程中及时发现并整改问题，并根据考核结果约谈办理质量较差的承办单位进行重点管理。同时，唐山市畅通申诉渠道，确保考核透明公正。

（2）严督实办

为规范《热线日报》《热线周报》中涉及的热点问题办理流程，唐山市制定《热点问题挂账督办办结销号管理办法》，形成"建立台账、挂账督办、单位反馈、办结销号"的全流程管理机制，提高热点问题解决规范性。

（3）重点单位管理

为全面提高群众诉求办理质量，提高诉求解决率、满意率，以解决热线工作"上热下冷"的问题，唐山市制定《唐山市 12345 政务服务便民热线重点管理单位管理若干措施（试行）》，实施重点单位管理，推动诉求切实解决，确保"事事有闭环，件件有回应"。具体包括，重点单位的鉴别、退出条件、追责问责三重管理机制，以及重点单位的预警提醒、值班制度、重点监控和现场督导四项管理方式。

（二）效率：一次办、速度快

1. 多元渠道，一呼即应

唐山12345热线依靠资源整合搭建政务服务"总客服"，将全市17条政务类服务热线和各级各部门网上互动系统，统一归并至"12345"热线平台，开通唐山12345热线微信公众号、12345热线小程序、省平台交办等15种受理渠道，整合人民网留言板、中国政府网、问政河北、问政唐山等网络问政平台，在省内率先实现群众诉求一口进、一口出。设置354个座席，通过错峰排班，科学分配话务工作，并安排专人对未接通群众来电进行回拨，实现群众诉求全受理。目前，热线电话直接接通率稳定在99.00%以上，居全省首位。

图2 唐山12345热线小程序业务办理
资料来源：唐山12345热线。

2. 高效流转，一应即办

（1）优化流程，畅通服务

畅通便民利民"高速路"，建立高效机制、优化工作流程是关键。唐山制定《关于进一步优化政务服务便民热线工作方案》《唐山市 12345 政务服务便民热线工单办理流程》等 17 项规范性文件，建立受理、派单、办理、答复、督办、办结、回访、评价全过程闭环管理，保障政务热线的规范化和标准化运行。同时，通过《热线日报》向市委、市政府主要领导呈报涉及群众反映集中、急需解决的热点问题，切实抓住群众最关心最直接最现实的利益问题，有效解决群众"急难愁盼"问题。

（2）智能应用，提高效率

创新智能化应用，立足公众需要，提供优质、高效、便捷的服务。唐山市依托互联网、大数据、人工智能、区块链等科技手段，全面提升工单处理效率和质量。通过探索研发融媒体话务系统、统一智能知识库系统、舆情跟踪系统等 9 大模块平台，加强智能受理、智能派单、智能质检、智能回访等功能建设。

（3）完善知识库，加强信息共享

完善共建共享知识库，提高座席人员对外服务的准确性、高效性。唐山市把政策、法律法规统一先行入库，构建标准化解答方案。加强完善知识库（分级）填报、更新、审核、发布、使用、反馈闭环流程制度，保障源数据的准确性和权威性。建立健全统一的热线信息共享机制，实时向部门业务系统推送受理办理相关数据，为部门科学决策提供民意参考；各领域业务系统、专业知识库等向 12345 热线平台开放，为热线服务提供精准信息支撑。

3. 分级分类，高效办理

（1）诉求分级分类，快速响应

唐山市的分级分类办理机制将事项分为一般、紧急和非常紧急 3 类，确保诉求问题能够在第一时间精准派送责任主体，并分别明确办结时间，以此缩短群众诉求解决时长。一般事项咨询类 2 个工作日内办结，求助、投诉、举报、建议等非咨询类 5 个工作日内办结，紧急事项 72 小时内办结，非紧急事项 24 小时内办结，极特殊情况坚持马上就办。与此同时，唐山市还建立了工单处置特殊情形操作规范，即针对在工单办理过程中发现部分情形难以处置，包括重复诉求情形、特定诉求情形、"一事一报"情形、可延期情形，形成一套操作规范。

（2）企业诉求，专项办理

唐山市热线办制定《唐山市 12345 政务服务便民热线优化营商环境方案》，组建起企业服务专班，建立专席接听、专人盯办、专组分析、专项考核和专题保障的"五位一体"保障体系。第一，组建企业来电接听服务专席，选派涉企知识储备丰富、业务素质突出的优秀话务员为企业提供全天候服务。第二，完善涉企知识库内容，为话务员直接解答企业咨询提供可靠依据，增强为企业解决实际问题的能力和效率。第三，实行"受理、转办、督办、回访、评价"闭环管理，"一对一"持续跟踪。第四，建立营商环境工作考评制度，定期汇总数据结果，将考评结果纳入优化营商环境考核内容。第五，建立了营商环境类诉求台账，专人盯办，以提高营商主体诉求满意率、解决率。

4. 热线＋网格，主动作为

唐山市针对热线规律性反映，持续强化网格体系建设，搭建市、县、乡、村四级热线网络；开通网格员上报信息受理渠道，探索建立诉求快速响应、矛盾快速化解、问题快速处置的"热线＋网格"治理模式，充分发挥网格员的"移动探头"作用，主动摸排、发现基层治理中存在的问题，进一步提升基层治理能力和服务水平，推动由"热线被动受理"向"网格主动发现"转变。

（三）效度：一次性彻底解决问题

1. 首次接办，负责到底

唐山市热线服务实行首问负责制，严格按照"首次接办、全程跟踪、负责到底"的原则，受理企业和群众提出事项，进一步明确责任清单，强化部门执行力和责任意识，狠抓责任落实，保障群众诉求及时高效地解决，切实化解涉及责任不明、职责交叉、管理存在盲区的复杂事项。

一是职责范围及时办。首问负责单位接到交办工单后，需视情况对诉求人进行回访，了解详细情况和具体诉求。二是职权交叉牵头办。首问责任单位如有充足理由说明事项完全不属于本单位职责范围，应当按规定时限写清退回理由及建议转办单位并申请退回，市热线中心办根据退回理由转办。三是紧急工单加急办。首问负责单位如接到社会敏感信息及具有时效性的紧急类工单，迅速启动应急处置预案、了解诉求情况、反馈处置结果。

2. 协同联动，压实责任

唐山市建立 12345 热线工作联席会议制度，集中处理长期积压工单，有力督查责任缺失，推动难点诉求解决。联席会议负责持续优化工单分办、判定工单办理责任、落实问责建议、研究协调解决难点问题和督查热难点诉求办理实效。

3. 举一反三，未诉先办

唐山市建立举一反三工作机制，对群众反映强烈、反复投诉的问题及群体投诉的同类问题，既要落实接诉即办、限时办好，更要举一反三、未诉先办。从体制机制上分析原因、研究对策，变"解决一件事"为"解决一类事"，探索建立长效机制，提升基层治理能力现代化水平。

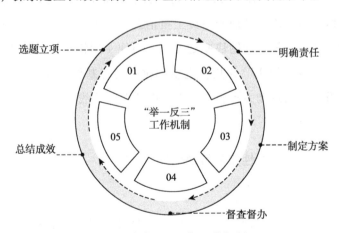

图 3 "举一反三"工作机制

资料来源：作者自制。

举一反三工作由选题立项、明确责任、制定方案、督查督办、总结成效五个部分组成，按市领导对热线工作的批示内容和群众反映强烈、反复投诉的热点问题梳理筛选，建立统一的举一反三工作台账，主动排查同类问题，超前解决民生诉求。

4. 数据分析，辅佐决策

唐山市成立数据分析专班，深挖民生数据资源，目前已为基层出具156份定制化分析报告，为部门提供431份专项工单数据，通过深度分析、主动研判、提前预警，帮助其查找短板弱项。

五　结语

唐山政务热线的探索经验是我国政务热线市级建设与发展的重要经验，"12345"热线平台通过基于服务理念、服务方式、工作机制和成效评估等多角度的不断迭代更新，获得了群众和企业的认可。在力度方面，领导的高位推动和较为完善的体制机制，为"一办到底"模式提供了有力的支撑保障；在效率方面，唐山市通过建立多元渠道，快速响应办理诉求，提高问题解决率；在效度方面，唐山市通过首问负责制、协同联动机制、数据分析研判机制等进一步提高了热线服务效能。

未来唐山12345热线将始终以群众的需求为立足点，贯彻落实"接得更快、分得更准、办得更实"的工作方针，不断深化"一办到底"的唐山模式，不断增强群众与企业诉求的响应和办理能力。同时，唐山12345热线在"一办到底"的实践中将不断探索符合自身发展实际的创新发展路径，为破解全国政务服务热线共同的难点痛点堵点问题提供唐山经验，为唐山市加快"三个努力建成""三个走在前列"步伐，贡献热线力量。

图书在版编目(CIP)数据

热线发展与治理创新·洞见 / 郑跃平主编. -- 北京：
社会科学文献出版社，2024.5（2025.9 重印）
ISBN 978 - 7 - 5228 - 3595 - 2

Ⅰ.①热⋯　Ⅱ.①郑⋯　Ⅲ.①地方政府 – 行政管理 –
研究 – 中国　Ⅳ.①D625

中国国家版本馆 CIP 数据核字（2024）第 086169 号

热线发展与治理创新·洞见

主　　编 / 郑跃平

出 版 人 / 冀祥德
责任编辑 / 胡庆英　孟宁宁　孙海龙
责任印制 / 岳　阳

出　　版 / 社会科学文献出版社·群学分社（010）59367002
　　　　　　地址：北京市北三环中路甲 29 号院华龙大厦　邮编：100029
　　　　　　网址：www.ssap.com.cn
发　　行 / 社会科学文献出版社（010）59367028
印　　装 / 北京盛通印刷股份有限公司

规　　格 / 开 本：787mm × 1092mm　1/16
　　　　　　印 张：14.75　字 数：222 千字
版　　次 / 2024 年 5 月第 1 版　2025 年 9 月第 2 次印刷
书　　号 / ISBN 978 - 7 - 5228 - 3595 - 2
定　　价 / 98.00 元

读者服务电话：4008918866